档案管理工作探索研究

张 明 丁 颖 赵 娜 ◎著

吉林文史出版社

图书在版编目（CIP）数据

档案管理工作探索研究／张明，丁颖，赵娜著．--

长春：吉林文史出版社，2023.5

ISBN 978-7-5472-9405-5

Ⅰ.①档… Ⅱ.①张… ②丁… ③赵… Ⅲ.①档案管

理-研究 Ⅳ.①G271

中国国家版本馆 CIP 数据核字（2023）第 086174 号

DANG'AN GUANLI GONGZUO TANSUO YANJIU

书　　名	档案管理工作探索研究
作　　者	张　明　丁　颖　赵　娜
责任编辑	陈　昊　张　蕊
出版发行	吉林文史出版社有限责任公司
地　　址	长春市福祉大路 5788 号
网　　址	www.jlws.com.cn
印　　刷	北京四海锦诚印刷技术有限公司
开　　本	185 毫米×260 毫米　1/16
印　　张	11
字　　数	249 千字
版　　次	2023 年 5 月第 1 版　2023 年 5 月第 1 次印刷
定　　价	52.00 元
书　　号	ISBN 978-7-5472-9405-5

前　言

档案是历史的真实记录，能够为人们的生活与工作提供重要的信息资源，也能够为维护广大人民的合法权益提供有效的支持。在科技飞速发展的过程中，档案管理工作需要与时俱进，需要借助科学的理论和方法管理档案，做好档案管理工作，可以确保档案资料的准确、齐全、安全和及时更新，也可以不断提高社会对档案需求的满足程度，还可以为建设中国特色社会主义事业提供必要的证据和信息保障。

基于此，本书以"档案管理工作探索研究"为选题，探讨相关内容。全书共分为七章：第一章是档案的概述，阐述档案的内涵与属性、档案的特点与类型、档案的作用体现、档案的发展趋势；第二章分析档案工作的业务组成，内容包括档案收集与整理业务、档案鉴定与保管业务、档案统计与检索业务、档案利用与编辑业务；第三章解读不同类型档案的管理工作，内容涉及专门档案管理工作、会计档案管理工作、人事档案管理工作、科技档案管理工作；第四章诠释不同机构的档案管理工作，内容包括医院档案管理工作、企业档案管理工作、高校档案管理工作；第五章论述档案管理的维护工作，内容涉及档案有害生物的防治、档案的修复技术、档案保护行业标准建设、档案保存场所的管理控制；第六章探究档案管理人员的能力培养，内容涵盖档案人员的胜任力构建、档案人员的人才培养模式、档案专业人员的继续教育优化；第七章是档案管理工作的信息化探索，内容涉及档案保护生态系统研究、档案智慧服务体系构建研究、智慧城市建设与城建档案管理。

本书体系完整，层次清晰，借助通俗易懂的语言、系统明了的结构，全面地介绍了档案管理工作的理论、业务与类型，维护与信息化发展。紧跟时代发展，满足用户不断更新的需求，利用科学技术，进一步推动档案管理工作的可持续发展。本书可供广大档案管理从业人员、高校师生与知识爱好者阅读使用，有一定的参考价值。

笔者在撰写本书的过程中，得到了许多专家、学者的帮助和指导，在此表示诚挚的谢意。由于笔者水平有限，加之时间仓促，书中所涉及的内容难免有疏漏之处，希望各位读者多提宝贵的意见，以便笔者进一步修改，使之更加完善。

目录

第一章　档案的概述 ························· 1

　　第一节　档案的内涵与属性 ····················· 1

　　第二节　档案的特点与类型 ····················· 4

　　第三节　档案的作用体现 ······················ 6

　　第四节　档案的发展趋势 ······················ 8

第二章　档案工作的业务组成 ····················· 10

　　第一节　档案收集与整理业务 ·················· 10

　　第二节　档案鉴定与保管业务 ·················· 21

　　第三节　档案统计与检索业务 ·················· 25

　　第四节　档案利用与编辑业务 ·················· 32

第三章　不同类型档案的管理工作 ··············· 40

　　第一节　专门档案管理工作 ···················· 40

　　第二节　会计档案管理工作 ···················· 43

　　第三节　人事档案管理工作 ···················· 48

　　第四节　科技档案管理工作 ···················· 55

第四章　不同机构的档案管理工作 ··············· 59

　　第一节　医院档案管理工作 ···················· 59

　　第二节　企业档案管理工作 ···················· 68

　　第三节　高校档案管理工作 ···················· 82

第五章　档案管理的维护工作 ·· 94

　　第一节　档案有害生物的防治 ··· 94

　　第二节　档案的修复技术 ··· 102

　　第三节　档案保护行业标准建设 ······································· 113

　　第四节　档案保存场所的管理控制 ····································· 122

第六章　档案管理人员的能力培养 ·· 130

　　第一节　档案人员的胜任力构建 ······································· 130

　　第二节　档案人员的人才培养模式 ····································· 133

　　第三节　档案专业人员的继续教育优化 ································· 139

第七章　档案管理工作的信息化探索 ·· 147

　　第一节　档案保护生态系统研究 ······································· 147

　　第二节　档案智慧服务体系构建研究 ··································· 152

　　第三节　智慧城市建设与城建档案管理 ································· 158

参考文献 ·· 168

第一章 档案的概述

第一节 档案的内涵与属性

一、档案的内涵

档案是指过去和现在的国家机构、社会组织以及个人从事政治、经济、科学、技术、文化等活动直接形成的对国家和社会有保存价值的各种文字、图表、声像等不同形式的历史记录。

随着生产的发展和技术的进步，档案的载体由早期的龟甲兽骨、青铜器皿、竹简木牍、石料、缣帛等材料发展为纸张，近、现代以后又出现了以胶片、磁带、计算机磁盘、光盘等为载体的新型档案。与此同时，档案的来源不断扩大，从以官方机构为主，发展到各类企业、学校、医院、社团，以至于家庭或个人都形成档案；档案的内容从主要记载国家事务，逐渐扩展为大量记载各种社会生产、生活和自然现象，档案因此成为一种全面记录和反映国家与社会历史发展状况的宝贵的信息资源。

（一）档案的来源

档案是其形成者在自身的活动中形成的，属于同一个形成者的档案之间存在着不可分割的密切联系。档案形成者的类型非常广泛，就组织的角度而言，档案来源于依法成立并能以自己的名义行使权利和承担义务的各种组织，即"法人"。它包括各级党政机关，各种工商业、金融保险业、房地产业、信息产业、服务业的公司，各类教育、科研、卫生、文艺、体育、社会福利机构，还有学会、协会、商会等社会团体。档案在这些单位内是按照职责分工连续地、有规律地形成的。从个体的角度来说，档案来源于依法享有权利并承担义务的个人，即"自然人"，以及家庭、家族。在这个范围内，档案是围绕个人、家庭、家族的社会活动或家庭事务形成的。

（二）档案的形成过程

在现实中，档案的形成过程存在差异。个人、家庭或家族的档案以手稿、日记、书信、契约、账册、家谱、音像材料为主，一般在形成之后经过一定的整理，进行有序积累，就可以作为档案保存。而单位档案的形成过程比个人档案要复杂一些，它们一般都要经过一系列的工作程序之后才能形成。在这里我们以单位的档案为主描述和分析其形成过程。

第一，处理完毕的文件才能成为档案。档案是从文件转化来的，档案与文件是同一个事物的不同运动阶段。文件是单位开展各项工作的办事工具和沟通媒介，具有时效性，而档案的主要作用是备考。只有当文件处理完毕以后，不需要在单位的现行工作中运行了，才可以作为档案保存。

第二，对日后工作活动具有一定查考利用价值的文件，才有必要作为档案。保存在现实工作活动中产生和使用的所有文件对人们今后的活动未必都具有查考利用价值，其中一部分文件在工作任务结束后，自身的利用价值随之完结，不需要继续保存，而另一部分文件则因为对今后的工作活动具有查考利用价值而被人们作为档案保存下来。因此，文件能否转化为档案需要人们通过鉴定来决定。文件的查考利用价值主要是指其在事实、证据、知识等方面对人们和社会的有用性。在文件向档案转化的过程中，查考利用价值是档案形成的关键因素和条件，只有具有查考利用价值的文件才有必要作为档案保存。因此，"有文必档"会导致档案质量的良莠不齐和管理资源的浪费，而不重视积累档案则会造成工作的被动和历史的空白。

第三，经过立卷归档集中保存起来的文件，才最后成为档案。文件是伴随着单位完成各项工作任务的过程而逐渐生成的，这就使文件分散于各个承办部门或人员手中。文件的这种分散状态不符合档案管理与利用的要求。为此，人们需要将具有保存价值的文件集中起来按照一定的规律对其进行系统化整理，并移交给档案部门，这就是立卷归档。因此，可以说办理完毕、具有查考利用价值、经过立卷归档的文件才能转化成为档案。

总之，档案虽然是由文件转化来的，但是文件不能自动地成为档案，期间必须经过有关人员开展鉴定和立卷归档工作，才能使具有保存价值的文件最终转化成为档案。在这里归档既是文件向档案转化的程序和条件，又是文件转化为档案的一般标志和界限。

（三）档案的外在形式

档案的外在形式是指其外貌特点，社会活动中原始信息记录方式的多样性决定了档案形式的多样性。下面以档案实体为例，解读档案的外在形式。

1. 档案实体的要素

档案实体的要素包括以下三方面：

（1）档案的载体。档案的载体是指承载档案信息的各种物质。从我国档案发展进程来看，档案载体制造工艺中的科技含量越来越高，体积越来越小，越来越轻便，而它们所承载的信息量则越来越大。

（2）档案信息的表达方式。档案信息的表达方式包括文字、图示、图像、声音四种类型，例如，行政文件多采用文字表达方式，产品设计文件多采用图示或图像的表达方式等。

（3）档案信息的记录方式。档案信息的记录方式是指档案信息与档案载体结合的手段，包括刻铸、手写、印刷、晒制、摄影、录音、录像、录入、刻录等方式。

2. 档案的版本

档案的版本是指文件从拟写到办理过程中所形成的不同稿本，如草稿、定稿、正本、试行本、副本等。在实际工作中，各单位都必须使用定稿、正本、试行本、修订本等经过正式程序制发的有效文本。

当文件转化为档案时，在版本上要注重选择可靠程度最高的版本，一般只保留原稿、原本，不留存副本。所以，档案是以孤本为主，不像图书那样存在大量的副本。档案的版本特点给管理工作提出了更高的要求。

二、档案的属性

档案的属性包括原始记录性、历史性、社会性、清晰性与确定性。

（一）原始记录性

档案是人们在社会活动中直接形成的原始性信息记录，对以往社会活动具有直接的原始记录作用。这一本质属性在现实中和许多复杂事物的本质特性一致，是具有明显的相对性和动态性特点。事实上，许多信息物只要对于人们理解、考证以往的历史事实具有真实程度较高、最可信赖的原始作用，人们就会将其视为档案，并将其作为档案来保存、使用。这也是档案的实际存在形式广泛复杂、多种多样的根本原因。从信息理论和人类之所以保存、使用档案的心理根源及实际需求角度讲，档案实际上是人类追求信息的确定性和可靠性的产物，是社会实践必须有确定、可靠的信息支撑方能有效进行的现实需要的产物。

原始记录性是档案具有可靠的凭证作用的原因所在。因此，保持档案的原始记录性就成为档案管理与利用工作中的一项神圣职责。我们应该明确，无论何时何地，都不允许任何人改变档案的原始信息内容记录的状态，否则就会导致档案失真，从而造成历史事实的扭曲。在我国，档案的原始记录性受到国家法律的保护，如对损毁、涂改、伪造档案等行为，根据情节轻重，给予行政处分，直至依法追究刑事责任。因此，各单位的工作人员以及每个公民必须依法保护档案的原始面貌，维护好历史真实性的源头。

（二）历史性

从时态上讲，档案是已经形成的，这种以往社会活动的原始记录，就可以把过去带到现在或者是未来，也就是所谓的"让历史告诉未来"，从而将过去、现在和将来联系在一起，维系人类社会的时空统一性与整体连续性。所以，人们一般由此将档案看作是一种历史文化遗产。当然，它是其中具有基础性支撑意义的重要部分。

（三）社会性

档案是人们在社会活动中直接形成的，其内容是对社会活动的内容、过程及结论的原始记录，而非自然界的产物。但其内容虽然会大量涉及自然界，它毕竟是人类研究、开发、利用自然界的社会实践活动的产物，与自然界形成的原始记录不可混为一谈。

（四）清晰性与确定性

档案内容信息具有清晰性与确定性。换句话说，档案所记录的内容是清清楚楚、明明白白的，而且这些清晰、确定的信息内容又依附于一定的物质载体形式而存在的，二者缺一不可。这是档案区别于文物的根本点。没有载体形式的原始性信息不能成为档案；没有清晰、确定的信息内容的原始记录物也不能成为档案。

第二节　档案的特点与类型

一、档案的特点

第一，文化性。档案是对人类各种活动的原始记录，它记录历史，反映人类文化和文明，是社会文化的组成部分，而档案室（馆）作为专门保管档案的重要基地，担当着保存和保护社会文化遗产、传播社会文化知识和文化教育、发展社会文化等社会文化功能。因此，档案工作具有文化性特征，尤其是档案室（馆）的档案工作。

第二，科学性。档案资料可为科学研究提供不可替代的基础支撑；档案工作实践本身蕴含着一定规律和科学内容；档案工作要与时俱进，必然要依靠现代管理科学知识和现代信息技术在档案工作中的运用。因此，档案工作具有科学性。

第三，服务性。开展档案工作的最终目的是为国家、社会组织、个人提供档案利用服务，进而服务于他们的实践活动。它的价值通过这种提供档案信息资源服务于人们的各项社会实践活动的过程得以实现，因此其属于一种服务性工作。

第四，管理性。从狭义上讲，档案工作就是档案管理工作，是对档案这一事物进行管理的专门业务。由于档案又属于信息资源，所以档案工作也是信息资源管理中不可小觑的内容之一。对于各机关、企事业单位等组织而言，档案工作又从属于某种更大范围或更高层次的管理工作，例如人事档案工作是人事管理工作的内容之一。

二、档案的类型

档案的类型是指根据一定的标准，按照档案在来源、内容、时间、形式等方面的异同进行分门别类。我们可以从三个角度对档案进行划分。

（一）档案实体的划分

以档案实体为对象，按照其形成特点和历史联系，逐级分为多种类别。档案实体指档案原件，档案实体分类是出于保管的需要而对档案原件进行的分类，分类的结果是构成档案的保管体系。档案实体分类包括如下两个范围。

第一，全宗内档案的分类。全宗内档案的分类是对一个独立的单位或个人全部档案的分类，通过分类使该单位或个人的档案构成有机的联系，并能够显示出其历史活动的面貌。

第二，档案室（馆）档案的分类。档案室（馆）集中了许多单位和个人的档案，为此，也需要实行分类管理。目前，我国的档案室（馆）对全部馆藏档案一般是按照全宗群的原则，根据档案形成过程中历史的、工作系统的载体形式的特点进行分类。

（二）档案信息划分

档案信息主要指档案所记述和反映的内容。档案信息分类就是对档案检索工具所存储的信息类别进行区分与组织。它是根据社会实践活动的领域以及单位或个人的职能分工内容进行划分的。因此，档案信息分类的结果是建立档案信息检索体系。

（三）档案类型的划分方法

与前两者的分类不同，档案的类型划分属于对档案进行概念上的分类，所针对的是我国的全部档案。由于认识的角度不同，所以，形成了多种档案的类型划分方法。

第一，按照所有权划分。我国的档案按所有权分为国家所有的档案、集体所有的档案和个人所有的档案三类。

第二，按照档案工作中通行的方法划分。在档案管理的实践中，档案工作人员还将档案划分为文书档案、科技档案、专业档案（也称"专门档案"）三种类型，并在档案界得到了普遍的认同。其中，文书档案主要指由各类单位在管理活动中形成和保存的各种行政或业务文件，如命令、请示、通告、计划、总结、合同、市场调查和预测报告、营销策划方案、客户记录等；科技档案主要指由企业或科研单位在生产和科研活动中形成和保存的科技文件材料，如图纸、科研成果报告等；专业档案则主要指除了文书档案和科技档案之外，所有在专业活动中形成的档案。为了保证国家档案资源的完整，国家档案局分两批发布了相关通知，将我国的专业档案划分为：人事类、民生类、政务类、经济类和文化类五大门类，各门类下列出了具体的专业档案名称。比如：政务类档案包括人民检察院诉讼档案、人民法院诉讼档案、公安业务档案、公证档案等；经济类档案包括会计档案、房屋产权登记档案、企业法人登记档案、审计档案、商标档案等。

第三，按照档案的载体形态划分。按照档案的载体形态不同，可以将档案划分为甲骨档案、金石档案、简牍档案、缣帛档案、纸张档案、照片档案、录音档案、录像档案、计算机磁盘档案及光盘档案等。

第三节　档案的作用体现

档案的作用是指档案对人们的社会实践活动所产生的积极影响；同时，档案作用的发挥具有一定的规律性。了解这方面的知识对于我们做好档案工作具有重要的意义。

一、档案的作用

（一）单位与组织工作的查考凭据

档案记录了各种单位与组织过去活动的状况，其中包括行使行政职权的法律依据，处理行政事务的过程与结果以及管理活动的经验，它是任何一个政府、任何一个机关单位与组织连续工作必须查考的凭据。我们党和国家历来强调办事要实事求是，各种机关单位为了有效地实行管理，必须切实掌握材料。

档案可以为党、政、军等机关、企事业单位的领导工作和业务管理，提供证据和咨询资料，借以熟悉情况、总结经验、制订计划、进行决策、处理各种问题。

（二）生产建设的参考依据

档案中记载了各种生产活动的情况、成果、经验和教训。从自然资源、生产手段到生产过程以及计划管理和生产技术等各方面的信息，都可以作为工农业生产和经济管理的科学依据和参考材料。

当今日益增多的科学技术档案，更是进行现代化生产管理和科学技术管理的重要条件。但是，无论普通档案，还是科学技术等专门档案，总的来说，都在不同程度上和不同的方面反映了经济活动的情况，都能为以经济建设为中心的现代化建设提供咨询研究、统计监督的情报信息，对制订经济计划，检查和总结生产情况，推广先进生产技术和管理经验以及防止灾害等，都是重要的参考材料。

（三）科学研究的可靠资料

档案是科学研究的必要条件，无论是自然科学还是社会科学、思维科学的研究，都必须详尽地占有材料，才能据以潜心钻研，探索事物发展的规律。档案可以从两方面为科学研究提供丰富的历史资料：一方面，专门进行科学研究的原始记录可供现实的研究工作直接借鉴；另一方面，从记录的广泛事实和经验中，为各项研究活动提供大量的实验、观察和理论概括的基础材料。

（四）宣传教育的生动素材

档案的原始性、历史性、直观性，让档案成为宣传教育的生动素材。例如法律、法规、协议、合同、名单、记录、报告与批件、书信、账本、单据、存根等这些原始材料，有的规定了各种社会关系、经济关系和政治关系的组成，有的记载了有关事件的过程，各方面承担的权利和义务以及当事人具有的资历、待遇和荣誉。在这些方面产生疑问、争执或纠纷时，档案最能有力地说明权益的归属，成为权威性的法律书证，并有一定的物证作用。

二、档案的作用发挥规律

档案的作用是客观存在的，但是其实现的方向、程度和方式却因时空环境的不同而有所不同，并表现出一定的规律。

（一）影响发挥的相关条件

第一，人们的档案意识。档案意识是指人们对档案的认知水平。人们若具有较强的档案意识，就会引发利用档案的需求，从而使档案作用得以发挥；档案意识淡薄甚至没有档案意识，即使有利用档案的需求，也难以转换为利用档案的现实行为。

第二，社会环境。社会环境包括社会制度、国家的法治情况和方针政策、社会的经济发展水平等，它们对于信息公开的程度、档案作用发挥的程度、方向等都有直接的影响。良好的社会环境能够使档案的作用得到充分的发挥。

第三，档案的管理水平。档案要依靠管理工作才能发挥作用。档案管理体系健全，方法科学，管理手段现代化程度高，工作质量优良，就能够使利用者方便、快捷、准确地获得所需要的档案或档案信息，从而使档案作用得以发挥。因此，提高档案管理水平，实现档案管理的现代化，提供优质高效的档案利用服务，是促进档案作用充分发挥的重要条件。

（二）从形成单位转向社会扩展

档案对其形成单位和对社会的作用具有双重性和过渡性。档案对于形成单位的作用被称为"第一价值"，对于社会的作用被称为"第二价值"。

第一，档案"第一价值"的实现。在档案形成以后的相当长的时期内，本单位需要较为频繁地查阅和利用档案，为解决工作问题服务。这时档案发挥作用的主要场所是单位的档案室馆。档案对形成单位的作用，是促使形成单位积累档案的动力。档案对其形成单位的作用发挥得越充分，形成单位积累档案的积极性就越高。

第二，档案"第二价值"的实现。档案的"第一价值"实现到一定的阶段，单位对于形成时间较长档案的现实利用需求逐渐减少，利用率降低至消失。这时，档案应该从"第一价值"向"第二价值"过渡，发挥其社会作用。档案在实现"第二价值"的时候，它的保管地点需要从形成单位的档案部门向国家设立的各级各类档案室（馆）转移。

总之，在实践中，出于多种原因，档案的"第一价值"和"第二价值"是由实现"第一价值"过渡到实现"第二价值"。

第四节　档案的发展趋势

2021 年，《"十四五"全国档案事业发展规划》首次以中办、国办文件形式印发实施，为未来档案事业发展擘画了宏伟蓝图。作为新修订的档案法实施第一年，我们需要以高质量发展为主题，全面推进档案治理和档案资源、利用、安全体系建设，深化档案信息化战略转型，强化科技和人才支撑，推动档案大国向档案强国转变。

各级档案部门认真贯彻档案法，加强依法行政，制定权责清单，通过加强监督检查有效推动档案法贯彻实施。国家档案局会同有关部门对部分省区市、中央和国家机关、中央企业开展了档案工作综合检查，发现了在机构设置、人员配备、馆库建设、档案安全等方面存在的突出问题，并向每个单位反馈了意见。各单位对检查反馈的问题和整改建议高度重视，迅速安排部署整改落实工作。北京、江西等地开展档案开放鉴定攻坚行动，力争到2025 年实现馆藏档案应开放尽开放。

当前中国档案学也处在最好的发展时期，面对百年未有之大变局，中国档案首先应进一步加强本土化研究，构建具有中国特色的档案学理论体系。"本土化"研究应该立足中国国家、社会、中国档案行业及档案学科的发展需求，直面这些发展中的挑战和问题。

档案承载了中华文明与文化，如何开发、再现、传承和传播档案中承载的优秀中华文明和文化也是中国档案学人的重要使命，因此，"中国古文书学""档案与数字人文""数字记忆"以及"突破性技术和新理念在档案资源的开发和服务中的应用"等主题也将是中国档案学研究的重要领域。

此外，在文件档案管理领域，在关注技术应用的同时，也需要关注由此引起的伦理问题，以及如何消除或预防算法等突破性技术在档案管理中的应用可能带来的社会不公问题；而在档案开放与档案利用中，如何实现权力与权利之间的平衡也应是我们继续关注的问题。

第二章 档案工作的业务组成

第一节 档案收集与整理业务

一、档案的收集业务

（一）档案室（馆）的档案收集意义

档案收集工作是整个档案工作中极为重要的一个环节，是档案室（馆）的一项重要的基础性工作。做好档案室（馆）收集工作，对于加强国家档案资源建设、丰富馆藏、优化结构、建立健全"三大体系"①、发挥"五位一体"② 的功能、提高档案室（馆）服务水平，有着重要意义。

第一，档案收集工作是档案工作的前提条件。收集是档案室（馆）取得档案的一种手段。档案收集工作是档案工作的起点，为档案工作提供物质条件。

第二，收集工作是维护国家历史真实面貌的必要手段。档案室（馆）的收藏是一定地区、部门在经济、科学和文化教育等方面情况的综合反映。收集工作使得档案齐全完整，内容丰富，应该补充进馆的档案及时接收进馆，并把散存在机关、组织、个人手中以及散失在各地的档案材料收集补充到档案室（馆）。档案是维护历史真实面貌的重要凭证，是贯彻执行党的路线、方针、政策的重要工具，因而收集工作的作用是十分明显的。

第三，收集工作为开展档案室（馆）各项工作，加强档案室（馆）建设奠定物质基础。只有做好收集工作，才能使室（馆）藏丰富，材料齐全，为档案室（馆）各项业务建设，为提高档案工作科学水平提供必要的物质条件。

第四，收集工作促进档案学理论发展，推动档案工作现代化的实现。档案室（馆）作为党和国家保存档案的重要基地，也是发展档案学理论的重要源泉。室（馆）藏越丰富，

---

①档案的三大体系包括：档案资源体系、档案利用体系、档案安全体系。
②档案的五位一体包括：档案安全保管基地、爱国主义教育基地、档案利用服务中心、政府信息公开查阅中心、电子文件管理中心。

各项工作实践也就越丰富多彩，必然提出许多新问题、新要求，提供很多新情况，为档案学理论的发展打下坚实的基础，推动档案学理论的发展。

（二）档案室（馆）的档案收集要求

1. 加强室（馆）外的档案调查与指导

档案室（馆）必须注意调查研究，掌握本单位文件的形成规律和特点，制定归档制度，明确接收档案的范围、时间、数量与质量要求。档案室（馆）应从本室（馆）的性质与职责出发，对有关国家机构、社会组织和个人的职能、地位、任务及形成档案的种类、内容、保存价值、数量、整理和保管等情况，进行调查研究，确定应移交档案的范围、时间、数量、质量要求和手续。

在接收前，档案室（馆）应加强对有关部门的档案工作进行指导，以保证所收集的档案的质量与价值。

2. 积极推行入室（馆）的档案标准化

积极推行入室（馆）档案的标准化要求在收集档案时控制好档案的质量。凡反映本机关主要职能活动，具有保存价值的各种门类、各种载体的档案，均应收集齐全完整；进馆档案必须以全宗为单位进行整理；进馆档案必须是经过鉴定，保管期限必须准确无误；档案整理（分类、组卷、排列、编号、编目、装订等）规范；所采用的档案包装材料必须符合国家的相关要求，所编制的检索工具应符合档案工作要求，在利用档案时能做到有目可查；归档材料中有电子文件的，应当与相对应的纸质文件一并存档；属于非光盘形式的电子文件，应当转换成光盘储存形式的电子文件。档案工作的标准化，应该在收集时就着手推行。

3. 高质量的室（馆）藏

高质量的室（馆）藏要求在收集档案时，做到：门类齐全、数量充分、结构合理、质量优化。

（1）门类齐全。门类齐全是指档案保管机构应收集各种门类的档案。在收集中不仅要收集文书档案，也要收集科技、专门档案；不仅要收集纸张载体的档案，还要收集声像、照片、电子等各种载体形态的档案。否则，档案保管机构所保管的档案就会因门类或载体的单一而缺乏吸引力。

（2）数量充分。数量充分是要求各级各类档案保管机构尽量补充档案数量。

（3）结构合理。结构合理是指档案保管机构所收藏的档案在来源、内容等方面，应该是合理布局的。档案室（馆）中的档案既要有一般性的材料，也要有各具特色的材料；既要有领导机关的材料，也要有基层单位的材料；既要有宏观材料，又要有微观材料。在收集时，既要收集档案，又要收集如报刊、地方志、传记、年鉴、回忆录、文件汇编、成果汇编及其他资料。

（4）质量优化。质量优化是指所收藏的档案要达到一定的质量标准，具体包括两方面：①档案本身的内在质量（完整性、准确性、规范性）和外在质量（档案载体及书写、印制材料应符合长期安全保管的要求）；②档案整理的质量。档案室（馆）必须保证所收集的档案在将来有人使用，必须在增加数量的同时，按国家的相关标准进行收集。

4. 保持全宗不可分散性

全宗就是一个立档单位形成的全部档案，一个单位的各项活动是密切联系的，因此在活动中形成的各种文件材料也必然存在固有的联系。为确保文件的完整，在收集档案时必须坚持全宗不可分散的原则，一个单位形成的档案应集中到一个档案室（馆），不能人为地分散处理。

（三）档案室（馆）的档案收集方式

档案室（馆）档案收集的方式主要有两种：①逐年接收。逐年接收即每年接收一次档案。②定期接收。定期接收就是每隔一定时期（如3年、5年）接收一次。但是，档案室（馆）对科技档案的收集方式有所不同，实行以下两种方式：

第一，相关单位主送制。对于普通文书档案而言，应按要求将其中具有永久和长期保存价值的所有档案都移交进馆。科技档案则不采取这种普遍接收进馆的制度，而是实行相关单位主送制，即对不同种类及不同项目的科技档案，按照国家有关规定，分别确定报送单位，主送单位报送档案中的不足部分由其他有关单位补充移交。

第二，科技档案补送制。建立补送制是为了及时反映进馆档案所涉及的科技、生产项目的发展、变化情况，保持馆藏科技档案的完整性和准确性。例如，进馆档案所反映的基建项目进行重大改建、扩建，产品改型、换代等，在这些情况下，原移交单位要向档案室（馆）补送相关的科技档案。

二、档案的整理业务

档案整理是以全宗、分类、组卷、排列等形式揭示档案系统整理的过程，并以系统整理、技术处理等形式作为档案系统整理的保证，进行基本的分类、组合、排列、编目等方式组成的有序整体的工作过程。档案整理是档案形成的重要环节，是整个档案工作的重中之重。正确认识和了解档案整理工作方法，有助于提高档案管理水平，保证归档的材料能够安全、高效、便捷地发挥档案的价值。除了按照国家对档案整理工作的要求外，还须从档案发展的特点出发，规范档案整理的方法，使档案整理工作符合自身发展的规律，适应科学技术发展对档案整理的要求。

（一）档案整理工作的意义

1. 奠定整个档案工作的基础

只有进行了科学的整理，才便于档案的鉴定、保管、统计和利用等基础环节的建设。只有经过科学的整理，才能有机地保持文件之间的历史联系，系统地反映工作活动面貌，使档案有目可查、有规可循，便于档案提供利用。

随着时间的推移，档案将会越来越多，没有整理工作，档案就会积压成堆、混乱不堪，若不进行科学的整理，是无法快速查找使用的。

2. 检验收集工作质量高低的依据

档案整理工作可以促进收集工作的进一步提高。在档案整理工作中，可以发现有关文件材料数量是否存在短缺，有关部门的文件材料质量是否有所提高，有关形式的文件材料是否齐全完整等。通过整理，能够反映出收集工作的薄弱环节，使收集工作得到及时补充和纠正，在以后的收集过程中更有针对性，使档案收集工作的质量更上一层楼。

（二）档案整理工作的标准化要求

档案整理工作的标准化，有利于更好地管理已经归档立卷的材料。档案整理的分类要考虑到实体分类和检索分类的区别和联系。

1. 实体分类

实体是指活动中形成的具有保存价值的各种文字、图表、声像等不同形式的历史记录体。分类时要求从总分到复分的过程，尽量去取它的最大类；它共同点的值越大就容易形成从属关系。

实体分类一般采用阶梯式的分类整理方法，每一类赋予相应的内容和范围。实体分类一般分到三级为好，由于各单位生产程序的不均衡性，产生内容也会参差不齐；过细会造成小类无内容列，或者材料不多时也会造成组卷（件）时立卷上的困难。

2. 检索分类

检索分类就可以相对细些，可以依据收藏的内容确定下分到四、五级。检索分类则可以采用垂直分类式，即按同一种类别进行划分。

总之，分类时一定要处理好两者的关系，真正把实体分类分到实处，解决档案的立卷、归档、编目和排架、保管。其实实体分类是检索分类的前提条件，也是计算机信息化处理的基础。

（三）档案整理的流程

1. 文件级的整理流程

只有整理好的档案，才能为档案的保管、统计、检索和利用提供基本的单位和完整的体系，为准确地鉴定档案的价值提供全面、系统的依据。文件级档案整理应当遵循文件材料的形成规律，保持文件材料之间的有机联系，区分不同价值，便于保管和利用，逐步推进卷件融合管理。归档文件的整理分案卷级整理和文件级整理两种方法，其目的是将机关职能活动中形成的、能反映机关基本职能活动的历史记录保存下来，以便今后工作和历史研究的查考利用。

档案整理，上承文件材料的收集工作，下续文书档案的保管和利用，是档案管理最基本的工作，是体现档案管理成就的核心工作，具有很强的技术性、业务性，是档案管理人员必须掌握的基本技能。

无论采取何种方法对归档文件进行整理，都应遵循的基本原则包括：①遵循公文形成规律；②保持公文之间的有机联系；③区分不同价值；④便于保管和利用。

（1）组件——"件"的确定。"件"，就是归档文件的整理单位，一般以每份文件为一件。作为整理的基本单位，需要将两份或多份文件合为一件，体现出灵活性。同时，在实际操作过程中应注意结合对接单位或机构的具体类型划分方案与要求，进行适当调整。

（2）修整。整理归档文件所使用的书写材料、纸张、装订材料等应符合档案保护要求。对不符合要求的文件材料需要进行修整。文件的修整、复制要在保持原貌的前提下进行。须保管 30 年及以上的文件要进行修整，保管 10 年的文件保持原状即可，以减少不必要的劳动。

文件修整的内容包括以下方面：

第一，修裱：对已破损的文件应按照现行标准予以修复，进行修补或托裱。

第二，复制：对字迹模糊或易褪变的文件应当进行复制。

第三，去除易锈金属物：最主要的工作是除去普通的订书钉、回形针、大头针等，防止时间长了生锈。

第四，大纸张折叠：归档文件盒尺寸是按照 A4 规格设计的，所以大纸张要进行折叠后才能装入。折叠时应尽量减少折数，文件页数多的要单张折叠。

第五，小纸张规整：如果文件材料的纸张较小或较脆弱，需要用胶水粘贴在一张完整的 A4 空白纸上。

（3）编页。编页就是给归档文件的每一页编上序号。纸质归档文件一般应以件为单位编制页码。编页主要分为手写编页和自动页码机编页。

第一，编页的要求。内容包括：①手写编制页码时为防止涂改，宜用铅笔编写；②一份文件的页码从 1 开始连续编写，如果有封面，封面即为第 1 页。只要是有字的页面，都需要编页，没有内容的空白页面不编页码；③文件材料已印制成册并编有页码的，拟编制页码与文件原有页码相同的，可以保持原有页码不变；④编制页码要认真、细心，不能出现漏号、重号。

第二，编页的方法。页码应逐页编制，宜分别标注在文件正面右上角或背面左上角的空白位置。

（4）分类排列。

第一，文件的类型划分方案。各立档单位档案部门，应按照相关规定，对归档文件进行科学分类，同一全宗内应保持类型划分方案的一致性和稳定性。

分类方法主要有年度分类法、机构（问题）分类法、保管期限分类法。

在实际工作中，一般不是单纯地选用一种分类方法，而是将几种分类方法结合使用，叫作复式分类法。

第二，文件的排列。归档文件的排列是指在单位类型划分方案的最低一级类目内，根据一定的方法确定归档文件先后次序的过程。通常情况下归档文件应在类型划分方案的最低一级类目（类别）内，按事由（事情缘由）结合时间排列；同一事由中的文件，按文件形成先后顺序排列；不同事由之间，按事由办结时间的先后顺序排列。如一套会议文件、统计报表、材料属同一个事由，其应按时间顺序排列在一起。

以下简单描述基本分类排列方法，步骤包括：①将同一全宗内须归入文书档案的文件材料，按文件生成年度为单位进行分类整理；②严格对照国家档案局颁发的机关文书档案保管期限表来制定的本单位文书档案保管期限表，按永久、30 年、10 年区分保管期限；③同一期限的文件再分机构或问题；④同一机构（或问题）相同保管期限的文件按事由结合时间排列。

第三，注意事项：①文件的排序主要按事由结合时间排列，简化工作。大部分小单位采用二级分类，在排列时，先将同一科室或同一问题的排列在一起，再将同一事由的排列在一起，这种排序虽无差错，但并不提倡。②因故未及时整理归档的零散文件材料，可排在同一年度、期限、机构（问题）的所有文件的最后，或并入关系密不可分的相关文件中作为一件。上述情况应该在盒内备考表中加以说明，而在实际整理工作中应尽量避免。

（5）编号。归档文件编号，就是指将每份归档文件在全宗中的位置标识为符号，并以归档章的形式在归档文件上注明。通过编号，使归档文件在全宗中的位置得以确定，不仅为后续的编目工作提供了条件，也为将来查找利用时的实体存取提供了便利。

第一，档号的编制。

档号的结构为：

全宗号—档案门类代码·年度—保管期限—机构（问题）代码—件号

上、下位代码之间用"—"连接，同一级代码之间用"·"隔开。

电子文件可以由系统生成归档章样式或条形码等其他形式在归档文件上进行标识。

第二，归档章的使用。

归档章：每份归档文件应在首页上端的空白位置加盖归档章并填写相关内容。

归档章加盖位置：在每份文件第一页的正上方居中空白处加盖红色归档章，如居中处有批注等文字，可以选择上方其他空白位置。

归档章填写：在方格内填写对应的档号。归档章用红色印泥加盖，档号可用黑色或蓝色墨水笔直接手写，或者使用对应内容的印章加盖。

归档章的内容：①全宗号。填写档案行政管理部门给立档单位编制的代号。一般企事业单位未列入进馆序列的就没有全宗号，可不填写。②年度。指归档文件的形成年度，即形成和处理归档文件的年度。填写此项时，应采用公元纪年，用 4 位阿拉伯数字表示。③件号。即文件的排列顺序号，它是反映归档文件在全宗中的位置和固定归档文件的排列先后顺序的重要标识。件号分为室编件号和馆编件号两种。馆编件号是档案移交进馆时，由于再鉴定、整理，归档文件在全宗中的位置发生变化，档案室（馆）按照新的排列顺序重新编制的件号。一般是移交档案室（馆）时经鉴定后重新编制的流水号，档案室（馆）不需要填写。④机构或问题。按照类型划分方案填写作为类型划分方案类目名的机构名称。如机构名称太长，可使用机关内部规范简称，如政策法规处可简称"政法处"，经济贸易处可简称为"经贸处"，但不应使用"一处""二处"等难以判定的简称。此外在全宗介绍中，应将机构名称与相应简称加以对照说明。⑤保管期限。只采用全称或简称，如用"永久"或"永"，不用代码。⑥页数。页数指文书立件时，文件材料经过系统排列后，对每份文件重新统一编拟的页码顺序号。无论大页、小页、折叠页等均须依次编写张（页）号，页数使用阿拉伯数字进行标识。

第三，注意事项：一个类一个流水号，如采用"保管期限—年度"分类方法，永久、30 年、10 年分别自 1 开始编流水号（件号），第二年仍然分别从 1 开始编号。

（6）编目。编目是根据类型划分方案和室编件号顺序编制归档文件目录，对归档文件以件为单位进行系统分类、排列、编号后，将每一份文件的内容、形式特征及其编号登记下来，以备查找利用和管理统计之需。

第一，归档文件目录的编制。编目应以"件"为单位进行，在目录中一件也只体现为一个条目。如来文与复文作为一件时，在归档文件目录中只对复文进行编目。

件号：件号包括室编件号和馆编件号两种，文件的排列先后顺序的序号，用阿拉伯数字直接标注。

责任者：责任者指制发文件的组织或个人，即文件的发文机关或署名者。责任者可以是一个机关或机关内部的一个机构，也可以是几个机关，或者是一个人或若干人。

文号：即发文的字号，是由发文机关按发文次序编制的顺序号，一般由机关代字、年度、顺序号组成。填写文号项时应照实抄录，代字、年度、顺序号都不能省略，否则将给查找和利用带来困难。没有文号的，不用标识。文号栏内就填文号，不应填写诸如"会议文件之一"等文件顺序号；文号必须填写完整，不得省略。

文件题名：即文件标题，它直接表达文件内容和中心主题的文件特征，是了解归档文件内容的起点。实际工作中，利用者多以此为查找线索，档案工作人员也多从题名入手进行查找，因此题名是最重要的检索途径。完整的题名由责任者、问题、文种三个部分组成。

密级：文件密级按文件实际标注情况填写。没有密级的，不用标识。

日期：即文件的形成时间，是文件的重要特征之一，反映文件产生的时代背景，是查找档案的常用途径。文件的形成时间及发文时间（文件的落款时间）在具体填写时应以 8 位阿拉伯数字标注年、月、日。

页数：填写一件文件的总页数，用于统计和核对。计算页数时以文件中有图文（指与文件内容相关的文字、图画等）的页面为一页，空白页不计。大张的文件或图表折叠后，仍按未折叠前有图文的页面数计算页数。来文与复文、正本与定稿等作为一件时，统计页数应将构成该件的各份文件页数相加作为该件的页数，但其内的文件依然按件计页，相对独立，即不用将来文、定稿接上复文、正本重新编制页码。

备注：备注项用于填写归档文件需要补充和说明的情况，包括密级、缺损、修改、补充、移交、销毁等（一般情况下空着）。前面在排列、编号部分提到的零散文件排列和档案进馆前再鉴定、整理就属于在这里提到的补充、销毁情况。对备注项目的填写应该加以严格控制，以免目录条目杂乱不堪。另外，如果有些条目需说明的情况较多，备注栏难以填写时，可在备注栏中加注"＊"号，将具体内容填入备考表中。

第二，归档文件目录的装订。归档文件的目录由封皮、归档文件整理说明及归档文件目录表格组成。归档文件目录用纸幅面尺寸采用国际标准 A4 型。在脊背上贴上标签，标明全宗号、年度、目录流水号，放入目录橱柜中。贴标签的高度没有规定，一个档案室（馆）内一致就可以。

归档文件整理说明包括四部分的内容：①立档单位名称和成立时间；②内设机构及单

位党政主要领导人情况；③本年度立档单位主要工作概况；④本年度归档文件整理情况，说明归档文件整理工作的组织情况、文件材料完整与否、案卷数量、有何缺陷和问题等。

归档文件目录的装订及格式：应单独装订成册并编制封面，这样既整齐、美观，不易损坏，又便于传递、携带和阅读。目录编制成册的方式要根据需要而定，可以与类型划分方案一致，也可以有所不同。如按年度—机构—保管期限进行分类、排列的，其归档文件目录可以按照这种方法进行装订，即每个机构每年装订永久、长期、短期三本目录。但这样会导致一个单位一年有很多目录本，为了减少目录本的数量，一个单位也可以每年按不同的保管期限装订三本目录，在目录表的右肩上标注机构名称来区分不同机构。

按年度—保管期限进行分类、排列的，其归档文件目录分永久、长期、短期三个保管期限各装订一本。目录数量少的也可将三个保管期限合订一本，归档文件目录采用竖式，按 A4 规格装订成册，无须放入档案盒内，也无须编制目录号。上级单位一式三份，基层单位一式两份。

归档文件目录封面：归档文件目录封面的格式应与目录的编制方式一致，设置全宗号、全宗名称、年度、保管期限、机构（问题）等项目。其中全宗名称栏应使用全宗单位的全称或规范化简称来填写立档单位的名称，其他栏目根据目录编制成册的具体方式选择设置并填写。如同一年的归档文件目录按照不同机构分别装订成册，则目录封面应设置全宗名称、年度及机构项。

（7）装订。归档文件经修整后要按件装订，进行固定。"件"是归档文件整理的基本单位，一般以每份文件为一件。

第一，装订的原则。内容包括：稳定性原则、最小影响原则、一致性原则、安全简便原则。

第二，装订的方法。装订的方法有线装法、变形材料装订法、黏接法与封套法。

（8）装盒上架。归档文件的装盒，即将归档文件按室编件号顺序放置，并填写档案盒封面、盒脊及备考表。将备考表置于盒内文件之后，再一起装入档案盒中，可以防止散乱丢失，便于取放，是对档案的一种保护方式。需要注意的是档案盒仅是装具。

文件按归档的件号顺序装盒，二级分类时，可装满一盒后再装下一盒，三级分类时，视一个机构（问题）文件的多少确定。不要求将同一事由的归档文件装入一盒，同一盒内的归档文件仅是按件号顺序装在一起。

不同年度、机构（问题）、保管期限的归档文件不能装入同一个档案盒。归档文件整理完毕装盒后，上架排列方法应与本单位类型划分方案一致，即分别采用"年度—机构（问题）—保管期限""年度—保管期限—机构（问题）""年度—保管期限"等不同类型划分方案的，应按照相应的分类次序上架排列。

排架遵循从上到下，从左到右的顺序。

2. 案卷级的整理流程

案卷级档案整理是运用文件的六个特征（即问题、时间、责任者、文种、地区、收发文机关），把本单位形成的全部文件进行区分和初步组合，然后检查、调整卷内文件，拟写案卷题名，排列卷内文件和编号，填写卷内文件目录、备考表和案卷封面，编制档号，装订案卷。全部案卷整理完毕后，再按相应方法进行案卷排列并编制案卷目录。案卷级档案整理便于管理，不易散失。将文件材料装订起来，不易被利用者拆卷或随意抽取，即使反复使用，也不会散失，安全性较好。

除了以件为单位，档案的整理还可采用以卷为单位的方式。对于如科技档案、人事档案、会计档案等类型的档案，其单份文件较为零散，一般不宜作为独立的保管单位，且这类档案内的文件之间常有密切的联系，若将有联系的文件随意分开，将会失去其原有价值。所以，在整理这一类档案时，往往将若干互有联系的文件组合成有机整体，称为"案卷"。

以卷为单位的档案整理一般采用以下方法：

（1）立卷。立卷又称为组卷，是把经过分类后的档案组合成案卷的工作。案卷是按照某种联系组成的文件组合体，它是基本的档案保管单位。一个全宗内的档案经过分类后，每个类内都有相当数量的档案，为了便于保管和利用，需要对它们再次整理，使之进一步系统化，将类内的许多文件按照它们之间的某种联系组成相应的保管单位，称为案卷或卷、盒、袋等。它是档案的基本保管单位，也是统计档案数量和日后编制某些检索工具的基本单位之一。

立卷工作的内容包括：组合案卷、卷内文件排列、编页、填写卷内文件目录、编制备考表、填写案卷封面和案卷的装订。

第一，组合案卷。按照档案形成的特点和规律，保持文件之间的历史联系，通常考虑和区分文件的不同保存价值，使组成的案卷便于管理和查找利用。

第二，卷内文件排列。卷内文件排列是对卷内文件进行系统化的工作，卷内文件经过系统排列后保持了文件之间的紧密联系，每份文件都有了自己固定的位置，便于今后的查找和利用。卷内文件排列的方法有多种，如按时间、地区、问题、责任者、通信者、文件重要程度、人名的姓氏笔画或拼音首字母的顺序排列等。通常多按时间的先后次序及责任者、问题、文件的重要程度排列。

第三，卷内文件编页。卷内文件排好之后，应使用阿拉伯数字编写页号，固定次序，便于统计卷内文件页数，也便于查找利用和保护文件。页号从第一页文件开始依次编号，编号时，每页有字迹的纸张均应编号。左侧装订的案卷，正面在右上角编页号，背面在左上角编页号，折叠页只在正面右或左上角编页号。一张纸上贴了几小张文件，每小张编一个页号。图表和声像材料在装具上或在声像材料的背面逐件编号。卷内有书刊小册子，能利用原页号的利用原页号，不能利用的每页编一个号。编号时要耐心细致，务求准确，以防重编、漏编。如果发现有编错、编漏、编重页时，可采用补救的方法。

第四，填写卷内文件目录。卷内文件目录是揭示卷内文件的内容和成分的目录表，放在卷首。卷内文件目录的填写项目有：顺序号、文号、责任者、题名、日期、页号、备注。

第五，编制备考表。卷内备考表放在案卷末尾，所以又称为卷末备考表，用来保护文件，说明卷内文件缺损、修改、补充、移出、销毁等情况，便于管理人员和利用者了解案卷的有关情况。

第六，填写案卷封面。案卷封面应用统一规定的字体，字迹要清晰、工整。案卷封面一般包括各项内容：全宗名称、类目名称、案卷题名、卷内文件起止日期、保管期限、总件数、总页数、归档号、全宗号、目录号、案卷号。

第七，编制案卷档号。档号是档案的编号，它是表示类别及其相互系统的一组符号，通常包括全宗号、目录号、案卷号。其中全宗号是档案室（馆）指定给立档单位的编号。目录号是全宗内每一本案卷目录的编号。案卷号是目录内案卷顺序的编号。档号在档案管理中具有重要作用，它对档案实体具有指代功能，在档案保管和利用中，经常需要借助和运用。合理、清楚的档号，是档案实体管理有效性的重要标志。

档号编制应遵循唯一性、合理性、稳定性、扩充性、简单性原则，各单位在编制档案号时根据具体档案情况适当选择。

不装订的案卷要逐件编件号。件号按卷内文件的先后次序编流水顺序号，用4位阿拉伯数字标识，不足4位的，前面加"0"补足，如"0026"。有文字、印章等标记的页面均应编号，其间不留空格。单份装订的案卷应逐件加盖档号章，以明确每份文件的隶属，便于查找和利用。装订与不装订的案卷，均须在案卷封面中注明该案卷所含档案的总件数和总页数。

第八，案卷的装订。案卷的装订是为了固定和保护卷内文件，避免散失和损坏而采取的做法。经过装订的案卷，便于保管。长期和永久保存的案卷，一般均应装订成册，对于某些特别珍贵的手稿、照片、图样等，不便于装订时，可采用卷盒、卷袋等保管，在卷盒、卷袋上填写同于案卷封面的各项。对于不装订的案卷，按照规定，卷内文件应逐件用细线装订。装订时不要有倒置、脱漏的张页，不要压住字迹，不损坏文件，不妨碍阅读。案卷装订时要按照案卷封面、案卷内容（卷内文件）、卷内备考表的顺序依次排放并进行组合。

（2）案卷的排列。案卷的系统排列就是根据一定的方法，确定全宗内各个案卷的先后次序和安放位置，保持案卷与案卷之间一定联系，系统地反映出立档单位的活动。常用的排列方法有：①按案卷所反映的工作上的联系排列；②按案卷所反映的一定问题排列；③按案卷所属的起止日期（时间）排列；④按案卷的作者排列；⑤按卷内文件来源和内容涉及的地区进行排列；⑥按名称排列。

（3）编制案卷目录。

第一，案卷目录的类型与选择。案卷目录必须以全宗为单位按一定的系统进行编制。一个全宗可以编制一本目录，即综合目录。也可以各种门类为单位，编制多个目录，即分册目录。分册目录可按其门类特征分为：①以全宗内档案的分类类别为单位编制的案卷目录；②以全宗内档案的保管期限为单位编制的案卷目录；③以保管期限结合类型划分方案编制的案卷目录；④以机密程度的不同编制的案卷目录。

第二，案卷目录的编制。案卷目录的内容包括：封面、序言（或称立卷说明）、案卷目录表和备考表。

第二节　档案鉴定与保管业务

一、档案的鉴定业务

（一）档案的价值鉴定

档案的价值鉴定是档案室（馆）按照一定的原则、标准和方法，甄别和判定档案真伪和价值，确定档案的保管期限，剔除失去保存价值的档案并销毁，使保存的档案，达到精练的程度。简单地说，就是甄别档案真伪和判定档案的价值，决定档案存毁的工作。它是档案工作的业务内容之一，是档案室（馆）的一项专门业务。

1. 档案的价值鉴定工作的内容与意义

档案价值鉴定工作的基本内容包括：①制定档案价值的有关标准，包括单行规定和档案保管期限表等；②具体判定档案材料的价值，确定其保管期限；③剔出本无保存价值和保管期满的档案，按规定进行销毁或做相应的处理。

档案的价值鉴定工作意义体现在以下方面：

第一，便于发挥档案的作用。鉴定可以去其糟粕，留其精华，剔除无价值的档案，把有价值的档案管理好，才能发挥档案的作用。

第二，便于档案的安全保管。鉴定可以分清主次，对保存价值大的档案，给予良好的保管条件，尽可能延长档案的寿命，维护档案的安全。对失去保存价值的档案剔除销毁，腾出库房和装具去妥善保管有价值的档案。

第三，便于应付突然事变。经过档案鉴定，区分了主次，如遇突然事件，可以及时、迅速地将重要档案抢救和转移。

2. 档案的价值鉴定标准

鉴定档案价值的标准——档案保管期限表，它是用表册的形式列举档案的来源、内容和形式，并指明其保管期限的一种指导性文件。它是档案室（馆）鉴定档案价值和确定档案保管期限的依据和标准。

（1）档案保管期限表的作用。

第一，能够保证鉴定工作的质量和提高鉴定工作的效率。档案保管期限表是根据鉴定档案价值的原则，认真总结鉴定工作经验，经过反复讨论、研究而形成的，实践证明是行之有效的。由于标准明确，认识一致，有利于推动鉴定工作的顺利开展，加快鉴定工作的速度，提高鉴定工作的效率。

第二，能够有效地防止任意销毁文件。档案保管期限表明确规定了什么样的文件要保存，什么样的文件不保存，因为标准明确，界限清楚，加上严格的制度，所以能够有效地防止有意或无意而错误地销毁文件。

（2）档案保管期限表的结构。

档案保管期限表的结构包括顺序号、条款、保管期限、附注以及总的说明等部分。对于条款较多的档案保管期限表，还可以加上类别。档案保管期限表的一般结构，可以根据档案保管期限表的特点和实际需要，增加或减少某些项目，但条款与保管期限是最基本的项目，任何档案保管期限表都必须有。

第一，顺序号。档案保管期限表的各条款经过系统排列后，在各条款的前面编上统一的顺序号。编顺序号的目的是固定条款的排列位置，作为鉴定工作人员使用档案保管期限表时引用条款的代号。因此，条款必须从头到尾统一编流水号，不能有重号。

第二，条款。条款是同一组类型相同的文件的名称或题名（档案部门习惯称标题）。拟制条款要求能反映出一组文件的来源、内容、名称和形式，文字要简明、确切。在列举一组文件的来源、内容和形式时，可以指出具体的作者、问题，也可以概括出一组文件所反映的级别、问题和名称。每一条款应代表一组有内在联系的价值相同的文件，有时为了使条款简洁醒目，也可以将价值不同而有联系的一组文件写成一个条款，在条款下面分别指出不同的保管期限。条款一般不宜拟制得过多过细，但也不能概括成文教、卫生等类别，因为使用时会遇到困难。

第三，保管期限。保管期限的划分是鉴定档案价值的主要任务。保管期限划分得是否正确，是衡量档案价值鉴定工作做得好坏、质量高低的重要标准。所以，确定保管期限是编制档案保管期限表最核心的问题。根据党和国家的有关规定，保管期限分为短期、长期、永久三种。

3. 档案的价值鉴定方法

（1）定性分析法是判定档案价值的重要方法。区分事物的质的定性分析是认识事物的开始，是认识量的前提，它在认识过程中具有优先性和普遍性。鉴定工作中档案价值的体现具有一种潜在的价值关系，只能进行大体的预测，无法精确度量。只能着眼于事物的整体特性和主要方面，用分级断档的方法勾画出近似的轮廓，提出一个大概的日期和范围。定性描述能提供较为充足和直接的信息，促进人全面思考，更好地适应外界条件的变化，从创造性思维出发更符合客观实际。因此，鉴定工作中判定档案价值主要采用的是定性分析法。

（2）定性分析与定量分析相结合是档案价值鉴定方法发展的必然趋势。一定事物的质总是建立在一定量的基础上，因此从质的研究到量的分析，可以深化对事物的认识，正是在这个意义上，可以说定量分析是定性分析的精确化。从定性研究到定量分析的发展，是人类认识发展的规律。

（3）比例鉴定法。这一方法的实质在于确定档案室（馆）永久保存的档案和机关形成的全部文件之间的比例关系，用于对进馆档案总量的宏观调控。各类价值的档案数量有一定规律可循，在深入调查研究和准确分析档案价值的基础上，可以制定一个大致的存毁比例作为鉴定标准。

（4）选样鉴定法。这一方法就是从某一类型的档案总体中选出一部分"样本"，作为该类档案的代表保存起来，实质是用少量档案反映历史概貌、内容和特征，起"解剖麻雀"的作用。

（5）系统优化法。该方法要求对档案文件是运用系统论的观点，按照档案信息系统（大系统、子系统）结构优化的要求，在立足社会需求的基础上，兼顾保管条件和经费的制约因素，全面考虑系统内档案的存毁及其保管期限，力求保存最低数量的档案，为国家和社会储存更多的有用信息。

（6）模糊综合评价法。这一方法就是建立数学模型定量分析档案的保存价值，其目的在于以定量化手段减少判定档案价值中的主观随意性和经验色彩，更准确地划分档案保管期限。该方法视角新颖，能给人以启迪，但研究与论证还不充分，不具有推广应用性。

（7）直接鉴定法。运用这种方法，要求鉴定工作人员根据鉴定档案价值的原则和标准，根据档案的实际情况判定档案的价值。直接鉴定法要求鉴定工作人员逐件逐张地审查档案材料，从它的内容、作者、名称、可靠程度等方面全面考查、分析、确定其价值，不能只根据文件题名、名称、文件目录、案卷题名、案卷目录去确定档案的价值。一般来说，题名和目录应该正确反映文件或案卷的内容和成分，但由于有的文件题名使用不当及案卷质量低等缺点，导致题名和目录不能正确揭示文件或案卷的内容和成分，若仅根据它们去判定文件的价值，就可能发生错误。因此，为了保证鉴定工作的质量，必须直接审查档案材料。

（二）档案的销毁

档案销毁就是经过鉴定对失去价值的档案做毁灭性处置的过程。为了便于单位领导人审查批准应销毁的档案，必须编制档案销毁清册。它是登录被销毁档案题名、数量等内容并由责任人签署的文件，也是日后查考档案销毁的凭证。

档案销毁清册封面的项目有全宗号、全宗名称和立档单位名称、编制档案销毁清册的单位名称和编制日期等。销毁档案的登记项目有顺序号、案卷或文件的题名、起止日期、号码（案卷目录号、案卷号或文件字号）、数量、原保管期限、销毁原因、备注等。为了方便领导人审查，也可增加"档案保管期限表的条款号""审查意见"等项目。档案销毁清册应编制一式两份，一份送有关领导审查批准，另一份留档案室（馆）保存。如果须送档案行政管理机关或上级主管机关审查批准，还应多编制两份同时送去，一份经批准后退回。

为了方便机关领导人或主管机关领导了解必要的情况，在报送档案销毁清册的同时，须附上一份立档单位和全宗的简要说明。其内容包括立档单位和全宗的历史概况，档案的形成、保管、完整程度以及现存档案的主要成分，销毁档案数量与内容（可粗略分类介绍），鉴定工作情况与销毁理由等。

准备销毁的档案在批准前应单独保管。档案销毁清册正式批准后，一般可将销毁档案送造纸厂做原料或自行焚毁。为保守机密，严禁将销毁档案出卖或做其他用途。无论采用什么方式销毁，均应有两人以上监销，负责监督档案确已销毁后，在销毁清册上注明"已销毁"字样和销毁日期，并由销毁人签字。

二、档案保管业务

档案保管工作是实现维护档案的完整和安全的重点环节和主要手段，其任务包括以下四方面：

第一，建立和维护档案的存放秩序。档案室（馆）收集来的大量档案需要按照一定次序排列和存放于库房中，使之在库房内形成一定秩序。档案入库后，由于使用者查阅、档案编研、库房调整等原因，也常常需要抽调、移动一部分档案的位置，从而使档案原有的存放秩序发生变化。档案的排列有序是保证档案完整与安全，利用、存放、索取迅速便捷的基本条件，因此必须建立科学合理的存放秩序，并使这一秩序得到维护。

第二，防止档案的损坏。要了解和掌握档案损坏的原因和规律，通过经常性的具体工作，采取专门的、有的放矢的技术措施和方法，最大限度地消除各种可能损坏档案的不利因素的影响，从而把档案的自然损坏率降低和控制在最小范围内。

第三，延长档案的寿命。档案保管工作不能只是一味地防止档案的自然损坏，还要从根本上采取更积极的措施，最大限度地延长档案的寿命。

第四，维护档案的安全。一方面，档案是一种物质存在的形态，必须最大限度地使其安全存在下去；另一方面，档案作为一种社会现象，在整个政治斗争范围内不能因为保管的不当或条件的低劣而使其丢失或泄密，造成政治上的不安全。

第三节　档案统计与检索业务

一、档案统计业务

（一）档案统计工作的意义

1. 认识档案工作的一种重要手段

档案工作中诸多现象的发展过程、现状和一般的规律性，通过档案统计，让人一目了然。而且正是这种长期、系统的积累资料的工作，为档案管理研究和综合统计，为加深对档案工作的认识提供一种手段。

2. 科学管理档案的基础

从档案统计工作来看，国家档案事业的方针政策、计划、法规制度的制定都离不开档案统计工作，统计工作提供的大量信息可以对档案事业进行指导、监督，协助理顺档案事业的各方面的关系。

科学管理档案不仅要定性分析，也要定量分析，两者结合才能实现科学管理，提高档案管理水平，以更好地指导档案实践工作。做好档案统计工作，可以为定量分析提供必要的数据。

3. 提高档案学研究水平的重要保证

档案统计是档案学发展的一个表现。以前档案学研究比较偏重研究社会科学的方法，随着科学技术的发展，档案学也逐渐运用自然科学、技术科学和管理学的方法来研究，由定性研究逐渐转变为比较关注定量分析研究。因此只有加强档案统计，认真进行分析，才能促进档案学的发展。

4. 使档案工作处于良性运行的重要保证

从系统论的角度来看，档案工作是由档案实体管理、档案信息开发和档案反馈信息处理三个子系统组成的，档案统计工作就相当于档案反馈信息处理系统，统计得来的具体数据，直接反映档案工作各方面的实际情况和水平，这是非常重要的。可以提供正确的决策依据和监督指导档案工作的统计资料，从而保证档案工作处于良性运行状态。

要了解档案用户的需求、档案业务工作的现状、水平、成绩和不足，都离不开反馈信息的处理，而这主要是通过统计工作来实现的。

（二）档案统计工作的要求

档案统计工作是档案部门的一项严肃科学任务，为做好档案统计工作，发挥档案统计工作的作用，在进行统计时必须做到准确、及时和科学。

1. 及时性

统计工作的目的是为了解决档案工作中的实际问题，及时了解有关情况。如果统计工作拖沓，必然会贻误良机，从而影响档案工作。为此应该建立档案统计制度，使档案统计纳入档案部门的日常工作轨道，各级各类档案室（馆）的统计工作要制度化，相互配合，及时地按规定上报档案工作领域的相关信息，为指导和监督档案工作提供科学依据。

2. 目的性

档案统计工作是为一定的目的进行的，不是为统计而统计。如果没有明确的目的性，统计工作就会失去意义，也不容易坚持下去。因此，确定档案的统计项目，要依据本单位的实际情况，兼顾需要和可能，如单位大小、档案多少、管理状况和利用状况质量高低等有目的地、实事求是地建立本单位的档案统计工作。

3. 准确性

档案统计工作的基本要求是保证统计数据准确无误。统计工作所获得的各种数据及其整理、分析得出的数据和结果都必须真实可靠，具有客观真实性。档案统计工作就是对档案工作领域中，各类可以进行量化描述和量化研究的现象，进行数量关系的观察、分析和研究，从而揭示其发展过程、现状及一般规律。

要做到统计数字真实、准确，就必须有认真、负责的工作态度和一丝不苟、实事求是的工作作风，严格统计纪律，建立和规定科学的统计指标和统计计量方法。这样统计出来的数字才有价值，也才能够保证统计工作目的的实现。

4. 可量化性

统计就是通过相应的量化标准，反映统计对象现状。档案统计就是将档案及档案管理过程中的各类事实、现象、状态等，通过数理统计的方式予以记录和量化。它是立档单位了解本单位档案及档案工作状况的一个直观、有效手段，也是衡量档案管理水平高低的一个重要参照。否则，档案统计工作会成为一般的档案登记工作。

5. 法治性

现代社会是法治社会，任何工作都要依法办事，档案工作也不例外。档案统计也要纳入法治建设的轨道，因为目前实际工作中仍然存在统计违法行为，如为夸大成绩或缩小失误而伪造、瞒报和篡改统计数据资料的现象屡屡发生。因此，档案统计也要加强执法力度，才能使档案统计工作顺利开展，真正发挥档案统计工作的作用。

统计工作的目的是要对统计数据进行分析、研究，从中寻找事物发展变化的规律。对档案统计所取得的原始数字进行周密分析和研究，根据档案现象在一定时间、地点和条件下的具体数量关系，揭示档案及其管理工作中的内在联系和矛盾，从中总结经验，发现问题，分析矛盾，探索规律，从而改进档案工作，提高管理水平。

(三) 档案统计工作的步骤

档案统计工作的步骤，一般分为档案统计调查、档案统计整理和档案统计分析三个基本阶段。

1. 档案统计调查

档案统计调查是档案统计工作的初始步骤，它是根据档案工作的需要，按照规定的统计任务，为实现一定的统计目的，有计划、有组织地向被调查者收集原始统计数据或统计资料的工作过程。档案的统计调查是对各项原始统计数据或资料的登记、形成和积累工作。

（1）统计调查方案的制订。制订统计调查方案实际上就是对整个统计调查实施工作的过程预先进行设计的工作，以保证统计调查有计划地、统一规范地进行。其主要内容包括：调查目的、调查对象、调查内容、调查数据时点与调查工作时间、填表说明。

（2）档案统计调查的实施。档案统计调查实施是指根据档案统计调查方案中提出的具体要求来执行的统计调查数据或资料的收集占有过程。按统计调查组织形式不同，可分为统计表报制和专门调查；按统计调查涉及范围不同，可分为全面调查和抽样调查；按照统计调查工作时间特性不同，可分为经常性调查和一次性调查。

2. 档案统计整理

档案统计整理是对经统计调查所获取的原始数据进行分组、归类、审核、计算等处理，使之规范化、系统化的工作活动。统计整理是为统计分析提供系统规范的数据的，统计整理所采用的具体整理方法是根据统计分析的要求而确定的。在实际工作中，统计整理往往已经包含了统计分析的因素在内。如统计表就具有整理和分析的双重性质和作用。

档案统计整理的工作内容主要包括统计调查资料与原始统计数据的审核、统计资料的分组、统计资料的汇总与初步计算、统计整理工作总结等。

3. 档案统计分析

统计分析是对统计资料进行综合归类、比较研究，以揭示档案、档案工作内在联系与发展规律的活动。统计分析的总体目标，是从统计数据中发现确定性、趋向性、规律性的情况与问题，并对这些情况与问题产生的原因及相关因素进行研究，以得出明确可靠的结论。

统计分析是统计工作的目的所在。实际工作中应当根据具体统计工作任务、目标来恰当选用。但无论采用何种分析方法，其统计分析的基本工作过程大致相同：①按照档案统计分析目的，拟定分析提纲（或方案）；②收集统计整理的统计材料；③采用一定方法对统计资料进行分析、研究；④探寻影响档案及其管理工作的关键因素；⑤得出科学结论并有针对性地提出解决问题的方法，形成档案统计分析报告等。统计分析方法主要有：对比分析法、平均分析法。

二、档案检索业务

（一）档案检索工作的意义

第一，桥梁作用。档案的数量随着时间的推移而日益庞大，内容也日益繁杂，档案检索就是在档案和利用者的特定需要之间架设一道"桥梁"，沟通两者的借需关系，利用者借助检索工具便可以较为迅速准确地获取所需档案。

第二，交流作用。档案检索工具中存储大量的档案信息，不仅可以提供查询，还可以成为档案室（馆）与利用者、档案室（馆）之间的交流工具。利用者借助档案检索工具可以了解档案的分布、内容、价值等信息，档案室（馆）借助档案检索工具可以互相了解馆藏情况、互通有无，提高服务质量。

第三，管理作用。档案检索工具记录档案的主要内容和形式特征，集中、浓缩地揭示馆藏情况，档案工作人员可以通过检索工具概要了解馆藏档案的内容、形式、数量等情况，为档案管理业务活动提供一定的依据，尤其是馆藏性检索工具反映档案实体顺序，在库房管理、档案数量统计等管理活动中直接发挥作用。各种检索工具还是档案工作人员查找档案、提供咨询、开展档案编研工作的必要手段。

（二）档案工作中检索的地位

检索是存储和查找档案信息的过程，在档案工作中有着重要地位。

1. 有利于充分发挥档案的作用

检索是把档案材料的内容和形式特征著录下来，存储在各种检索工作中，根据利用者的要求，及时把档案查找出来，为各项工作服务，充分发挥档案的作用。它对于扩大档案工作的影响，争取各方对档案工作的支持，提高档案工作水平都有重要的作用，是档案工作的重要内容。

2. 提供利用的先期工作

检索是档案工作的一项重要内容，是任何一个业务环节都不能包括和代替的。档案检索工作包括著录和存储档案信息，查找档案材料，属于基础工作性质。

档案室（馆）收集的档案材料在做好整理、保管、鉴定等一系列基础工作之后，只是为提供利用创造了条件。而更直接的准备工作，如每一份文件或一个案卷的查找，是通过检索工作来实现的。能否及时、准确地将档案提供给利用者，充分发挥其作用，在很大程度上取决于检索工作。因此，有经验的档案工作人员在开展利用工作之前总是花费大量的时间和精力，准备好各种检索工具和手段。

3. 打开档案宝库的钥匙

档案室（馆）收藏的档案要将可能变为现实，就必须通过检索这把钥匙打开史料宝库，变死材料为活材料，充分发挥档案在建设社会主义物质文明和精神文明中的作用。

（三）档案检索工具

档案检索工具是用于存储、查找和报道档案信息的系统化文字描述工具，是目录、索引、指南的统称。

1. 档案检索工具的作用

（1）档案检索工具是揭示馆（室）藏的重要手段。档案室（馆）的各项工作就是正确处理"藏"与"用"的关系，做到"藏"而不死、"用"而不乱，这是对档案室（馆）工作的重要要求。面对繁多的档案材料，主要是通过检索工具全面地把档案的内容和成分揭示出来，准确、迅速地向利用者提供档案材料。

（2）档案检索工具能够使档案工作人员进一步熟悉馆（室）藏，为主动提供利用创造条件。熟悉档案内容是档案人员的基本功，也是搞好利用工作的条件之一。一个档案工作人员通过编制检索工具，有计划地翻阅文件或案卷，熟悉和了解档案内容，掌握各个全宗的历史沿革、机构演变、职权范围，整理与鉴定工作情况，档案存放地址、数量等，做到心中有数，并采取各种措施，不断地改进基础工作，为主动提供利用创造条件。

（3）档案检索工具能提高档案室（馆）的科学管理水平和工作效率。档案室（馆）要对收藏的档案进行科学管理，就必须编制多种多样的检索工具。尤其是馆藏性检索工具反映档案室（馆）内实体排列的顺序，可以在库房管理、档案数量统计等管理活动中直接发挥作用。检索工具质量的高低与数量的多少在很大程度上能反映档案室（馆）的科学管理水平。检索工具只有多样化，才能从不同角度去查找档案材料，提高检索的速度和效率，改变传统检索效率低下和不精准问题。

（4）档案检索工具是宣传报道馆藏，进行馆际情报交流的重要渠道。档案检索工具可以向外界报道和介绍馆藏，提供查找档案的线索，发挥参谋和咨询作用，提高服务质量。利用者通过检索工具直接向有关档案室（馆）查阅自己所需要的档案材料，解决工作和生产中的各种问题。各档案室（馆）之间通过相互交换开放档案的全宗目录、全宗指南、专题目录、文件目录、档案室（馆）指南等检索工具，加强馆际协作，实现"资源共享"，使档案工作人员不但能了解本馆馆藏，而且可以了解各档案室（馆）开放档案的情况，扩大视野，掌握更多的档案线索，有利于开展利用工作。各档案室（馆）之间也可以通过复制或提供备份等途径来丰富馆藏。

2. 档案检索工具的职能

档案检索工具的职能包括两方面：一方面，把有关档案的内容和外形特征著录下来，成为一条条档案信息，并将它们系统排列，按照某种特定的体系组织起来，这就是档案信息存储在检索工具中的过程；另一方面，检索工具能提供一定的查找手段，使人们可以按照一定的检索方法，随时从存储的档案信息中检出所需要的档案材料，这就是档案的查找过程。

任何种类的档案检索工具都必须具备存储与查找的职能。存储是查找的基础和前提，查找是存储的反馈和目的。通俗来讲，存储就是放进去，查找就是拿出来，没有前者，就不可能有后者，没有后者，前者又失去了存在意义。由于检索工具的这两种基本职能，使它能够将分散的、无组织的大量档案信息集中起来，组织成一个有机联系的体系，以备人们在当前和今后按照自己的特定需求，从茫茫的档案海洋中检索出需要的档案材料。档案工作人员在编制检索工具时应始终把握住这两个基本职能。

3. 档案检索工具的符号

（1）符号的作用。符号作为一种人工语言的形式，在档案整理与编目，科学管理和提供利用，实现档案管理的标准化、现代化中有着不可忽视的作用。特别是编制档案检索工具，更是离不开符号。符号具有固定档案排列次序、存放位置的功能，利用阿拉伯数字和外文字母的自然顺序，表述档案的分类体系和分类层次，全宗、案卷、文件的序列和存放位置，既简便又准确；符号可以指代某一特定的实在内容，能以简单明确、易懂易记的方式去表示文件或案卷的特征、便于著录，便于检索。电子计算机的存储与检索都是把繁难的方块汉字转化为符号。符号的应用，给电子计算机输入和输出提供了最有利的条件，能加快手检向机检过渡的进程。

（2）符号的种类和编制要求。档案检索工具的符号大体可分为实体符号、容具符号、标识符号三种。实体符号包括档案室（馆）代码、分类号、顺序号、档号（全宗号、案卷目录号、件号或页张号）、缩微号等；容具符号包括库房号、箱架号、橱柜号等；标识符号包括著录项目标识符与著录内容识别符。各种符号层次分明，井然有序，相互补充，相互配合，构成一个有机的符号系统。

（四）档案著录

档案著录是档案室（馆）编制档案检索工具时，对档案的内容和形式特征进行分析、选择和记录的过程。它具体记录或描述每份文件、每个案卷的内容和形式特征，揭示其主要内容、科学价值，指明出处，区别相互之间的异同，有效地揭示馆（室）藏，帮助利用者准确、迅速地检出所需要的档案。

档案著录的结果——条目，是指按照一定的方法，将反映单份文件或案卷的内容和形式特征的著录项目组合成一条记录。将众多的条目按照一定的体系和方法排列起来，便是目录。档案著录是获取档案中所含情报信息的主要途径，是编制档案检索工具的基础，著录的质量直接影响档案检索工具的质量。无论何种检索工具，要有良好的存储和查找功能，著录项目就必须详细具体、标引准确、格式与标识符号统一、文字简明。著录工作中的讹误会降低检索工具的效能，甚至使之丧失作用。

档案著录包括著录原则、著录项目、著录格式、标识符号、著录信息源、著录用文字、著录项目细则。档案著录要求做到：内容准确，形式一致，符合标准化。

档案著录应遵循客观性原则。按照档案本身的文字、原题名的用词、排列顺序著录，保留题名中的标点符号，自拟的著录内容加"［］"，错误的原题名、责任者、形成时间可以照录，但应另拟题名或将考证出的责任者与形成时间附后，也可在附注项说明。

（五）档案的计算机检索

档案计算机检索在检索方法、检索性能上与手工检索相比较，具有如下特点：检索速度快；能满足多元检索需求，检索效果好；检索点多，检出率高；利于实现资源共享；服务方式灵活多样。

档案计算机检索系统由硬件、软件和数据等部分组成。计算机检索系统的流程如下：

第一，档案信息的输入（存储）。利用计算机完成档案信息的输入过程分为两步：第一步，档案信息的收集、加工、著录、标引，生成检索标识；第二步，输入计算机，存入数据库，并根据需要建立相应的倒排文档。

第二，档案信息的输出。利用计算机完成档案信息的输出（查找或称查检）的基本过程也分为两步：第一步，根据利用者的提问，给出检索提问表达式并输入计算机；第二步，计算机根据检索提问表达式在数据库中查找后将结果输出。

第四节　档案利用与编辑业务

一、档案利用业务

（一）档案利用工作的意义

档案利用工作的意义，主要表现在以下方面：

第一，档案利用工作是发挥档案作用、实现档案价值的主渠道，是档案工作为社会主义现代化建设服务的直接手段。

第二，档案利用工作是档案工作联系社会的一个窗口。

第三，推动档案基础业务建设，提高档案工作水平。

第四，促进档案工作人员业务进修学习，提高档案干部队伍素质和工作能力。

(二) 档案利用工作的要求

档案利用工作的基本要求是档案室（馆）应当为档案的利用创造条件，简化手续，提供方便，主动开展档案的利用活动，及时掌握档案的利用效果，加大宣传力度。具体要求包括：

第一，档案工作人员要不断提高自身的素质，主动、及时开展档案利用工作。

第二，不断完善档案服务方式和手段。

第三，掌握本单位、本地区近期的重点工作、重大活动，据此开展档案利用工作。

第四，加强档案的宣传力度，增强全社会的档案意识，促进利用。

(三) 档案利用的方法

1. 档案利用的阅览服务

档案利用的阅览服务是指档案室（馆）设立专门阅览场所，为利用者提供档案服务的一种基本方式。阅览室的设置应该以宽敞、明亮、舒适、安静、安全为基本要求。一般应配有必要的利用设施和相应的参考工具。阅览室还必须制定阅览制度，作为利用者共同遵守的行为规范。

2. 档案利用的档案外借

档案利用的外借服务，是指档案室（馆）按照一定制度和手续，暂时将档案借出馆（室）外使用的一种服务方式。这是一种需要严格控制的档案借阅形式。

对外借的档案必须制定与执行严格的规章制度。履行一定的审批手续，进行必要的登记签字；控制借阅的期限和数量，严格催还和续借制度，避免因外借时间过长致使档案损毁；对归还的档案应完善归还注销、清点检查制度，确保外借档案安全、完整地收回。

3. 档案利用的咨询服务

档案咨询是档案室（馆）人员解答利用者提出的问题，指导利用者查阅档案信息的一项服务工作。

咨询内容有事实性或知识性，咨询方式有电话、来人、来函等。咨询服务一般分为接受咨询、咨询分析、查找档案、答复咨询、建立咨询档案等步骤。

4. 档案利用的档案展览

档案展览，是档案室（馆）为配合各项工作的开展，按照一定主题，系统形象地展示与介绍馆（室）藏有关档案的内容、成分的一种提供利用方式。

在展出时，必须注意档案保护和保密工作。为了保护原件，展品一般宜用复制品。展出机密的档案，须经领导批准和规定参观者的范围。

二、档案编研业务

当前，随着档案事业不断繁荣发展，如何充分发挥档案的潜在价值与作用，使之服务于经济转型升级、社会进步和民生需求，显得十分重要。档案编研工作所要探究和实践的，就是通过挖掘档案资源，利用档案里蕴藏的丰富信息来回顾历史，总结经验，服务于社会各项事业。

档案编研工作是档案人员富集档案中最有价值的部分，以具有倾向性专题成果的形式，提供给社会利用的工作。作为一种主动服务型的利用工作，档案编研工作能够提供系统化的经过科学整理的档案信息，可以打破档案利用在时间和空间上的限制。

从事档案编研工作既要尊重事实，保持档案文献的原貌，忠于档案原文，又要注重档案编研成果的实用性，使之有利于社会发展。

（一）档案编研工作的意义

第一，档案编研工作是提供利用服务的一种方式。档案工作人员把具有研究价值和实用价值的档案信息编辑、加工后，推荐、分发给有关利用者使用或公开出版，使馆外利用、异地利用成为可能，这有利于更加广泛地发挥档案在各项事业中的作用，对于实现档案信息资源共享也是十分有益的。

第二，开展档案编研工作可以提高档案室（馆）工作水平。档案室（馆）做好档案的收集、整理、编目等基础工作是开展编研工作的前提；而在档案编研过程中大量调阅档案，又可对档案室（馆）的基础工作起到全面检验的作用。档案编研工作要求档案工作人员具有较高的知识水平，可以促进档案干部队伍素质的提高。档案编研工作向社会各界和本机关提供系统的档案信息服务，有助于扩大档案工作影响，赢得社会各方面对档案工作的重视和支持。

第三，开展档案编研工作是一种保护和传播的措施。档案编研成果不仅有积累史料、传播文化的作用，而且可以代替档案原件提供利用，从而保护档案原件使之延长自然寿命。将档案文献汇编出版，分存于各处，即使原件遭到损毁，档案的内容也可长久流传。

（二）档案编研工作的要求

第一，史料真实。编研过程中选用的档案史料必须正确、客观地反映历史事实，这是检验编研成果质量能否经得起历史考验的关键所在。档案编研工作必须对档案材料进行认真的核实考证，去伪存真。

第二，内容充实。档案编研成果能否受到社会的欢迎和重视，主要取决于是否有丰富充实的内容，能否完整地反映有关事物的发生、发展、变化和终结的全部过程。因此就需要将与题目有关的档案材料收集齐全，尽量选用并组成能反映题目内涵的完整材料。

第三，体例系统。体例上的系统，是指将档案材料按其内在联系，组成一个有机整体。在内容上条理分明，上下联系，合乎逻辑；在编排体例上科学地划分章节或分类，结构严谨，形成体系。

（三）档案编研的流程

1. 选题与选材

档案编研成果分为抄纂、编述和著作三类，它们的工作内容、步骤和要求虽各具差异，但也有相同之处，其中，选题和选材是关键，是档案编研工作的开端和基础。

（1）选题。影响选题的因素如下：

第一，利用需求。通常情况下，编研人员关注的课题主要是与当前社会政治、经济、文化、民生等方面的热点问题相关联。因此，满足现实需要是选题的首要标准，同时还应关注具有历史意义的课题。

第二，档案基础。档案基础，一方面是指档案价值，档案价值取决于档案内容所反映问题的重要性、反映问题的深度，以及人们对此的关心程度；另一方面，档案基础还是指本单位档案收藏情况。收藏档案数量多，且价值较高的档案室（馆）往往在选题上更加游刃有余。

第三，编研力量。编研成果的选题，必须由编研人员在调查分析的基础上，获取社会各方面对档案信息的需求，并要有一定的超前意识，善于辨别和捕捉各类热点问题。与此同时，选题也要从编研人员的业务素质和技能状况出发。唯有如此，档案编研工作才能处于主动地位。

总之，选题必须符合利用需求，必须以档案为基础，必须从编研人员的实际情况出发，这是选题的基本规律。

（2）选材。选材是一项具有一定技术含量的工作。习惯上，可以采用复式选材的方法，即将选材工作分为初选和复选两个阶段。初选阶段以充分收集、防止遗漏必要的材料为重点，做到"应选尽选"；复选阶段注重确定必要的材料，剔除重复的、价值较低的材料。

2. 抄纂型成果的编辑

抄纂是一种整理、公布档案原文的档案编研工作，是档案编研的基础性工作。

（1）转录。转录是指将档案制作副本供编研人员进行整理之用的一项工作。无论是手工抄录，还是使用电脑或复印、扫描设备来进行，在转录中都必须注意保持档案的本来面貌，保证转录件与档案原文的高度一致。根据编辑课题的不同要求，转录可以分为以下三种方式：节录式、全录式、混合式。

（2）点校。点校是指对档案原文中文字，进行校正、校勘、分段、标点、注释等工作。点校工作应遵守的原则包括：①存真原则。点校工作应遵守存真原则，保存真实的、本质的内容。②慎改原则。点校工作应遵守慎改原则，坚持严谨慎重的态度，实行改必有据。③标注原则。点校工作应遵守标注原则，提高档案资源的有效利用率。凡是点校加工之处，均应以一定的方式向读者交代清楚。④护档原则。点校工作应遵守护档原则，点校必须在复制件上进行，不准以任何借口在档案原件上勾画、圈点、涂抹。

（3）拟制标题。标题，又称题名，是构成抄纂型成果最基本单位的一段、一篇或一组档案的题目，是这一基本单位内容的准确概括和揭示。

第一，标题的类型。标题的类型，主要有两种：①单份文献标题。单份文献标题里又可细分为标准型和双层型。我们在日常工作中所见的单行标题就是标准型，双层型大多是将内容要素单独列为一行，其他要素置于另一行，这样就区分出上行标题和下行标题两个层次。②组合标题。组合标题是一组内容联系紧密的文件所共有的一套标题，分为总标题和分标题。其中，总标题主要揭示该组文件的共性，分标题主要揭示组内各单份文献的特性。然而，在编研实践中，较少采用双层型单份文献标题和组合标题。

第二，标题的构成。一个完整的标题由作者、内容、受文者、文种、时间和地点六大要素组成，其中作者、内容、文种、时间是基本要素。不过，在拟制标题时，不必拘泥于要素成分是否完整，应根据档案内容的实际情况加以灵活运用。

第三，拟制标题的基本要求。拟制标题时，要满足下列五方面的基本要求：

完整：除去可以省略的，标题的各种要素应该尽可能完整。

准确：标题内各种要素应按照规范表述，明确无误。

简明：尽力摒除一切描写，少用甚至不用形容词，少用描述过程的语句，点明内容即可。

适度：适度表露编者的思想倾向，必须沿用的不好的词汇，须用引号标示。

统一：标题的形制要一致。在同一编研成果中，标准型与双层型不得混用。

（4）编排。编排是对由多篇档案组成的抄纂型成果中的档案进行分类，确定编排体例，并按照编排体例排列档案材料，并编制目录的工作。其中，确定编排体例对于编排工作至关重要。

第一，编排体例。编排体例实际上是档案的排列组合形式，可以区分为不设类项、单层分类和多层分类三种。

第二，编制目录。目录是按编排体例标示抄纂材料的标题次序，并注明其所在页次的一种检索工具。编制目录是整个编排工作的最后一环。目录一般位于序言和编辑说明之后，正文之前。常见的目录有简要目录、详细目录和总分结合式目录三大类。

3. 著作型成果的编撰

（1）论文。论文是对哲学社会科学和自然科学中的一些问题进行科学的理论分析，揭示其本质、规律，表达作者看法的论说文章。论文是在对大量档案信息的提炼综合、分析研究的基础上，揭示档案内容的实质和内在联系，是对档案信息的深度加工。

科学性、理论性、首创性和有效性是论文的基本特点。一篇规范的论文至少包括：标题、摘要、关键词、正文、注释（参考文献）等。

（2）展览、大纲与小样。展览是以实物、图片为主，辅以必要的说明文字，运用各种展示手段将它们组织为一个整体供人参观。需要说明的是，本书所述的展览特指档案部门主办的展览。展览的筹备举办是一项系统性工程，牵涉档案征集接收、整理保管、利用等多个环节。其中，展览的基础性工作—展览大纲的撰写、素材小样的制作属于档案编研工作范畴。

大纲是整个展览的骨架，可以以时间为序，将所有展品按不同的阶段分别组织，也可以按专题区分，根据不同专题来组织展品，共同演绎一个主题。在撰写大纲的同时，编研人员应注意展品的遴选。对于档案部门举办的展览而言，展品自然主要出自自身的馆藏资源。对馆藏情况相对熟悉的编研人员，可先草拟大纲，然后据此查找、确定展品。在这一过程中，大纲的结构与内容也会随着新展品的发现而不断调整。因此，在展览筹划阶段，大纲和展品两者有着互动的关系。

在完成大纲、选定展品后，展览将进行内容审核、场地设计布置阶段。然而，大纲不过是纯文字稿，审核者和设计人员无法从中看到展览的整体空间效果。因此，编研人员还需制作素材小样以供有关人员审查修改、设计布展。所谓素材小样，就是以大纲为基础，将展品的图像资料与大纲内的说明文字一一对应，组成一个图文并茂的展览素材稿。有了素材小样，便于展览布展工作进入实质性启动阶段。

（3）图册。图册是主要利用照片或其他图片编制的编研成果。与展览相仿，这里所说的图册特指档案部门制作的图册或是其他机构利用档案图照编成的图册。

图册的主干是照片（图片）和文字两大块。历史原照是很多档案部门的特色馆藏之一，这些原照清晰度高、史料价值珍贵，是编制图册的优质素材。除了照片外，诸如报刊插图、地图、海报，均属于图片。即便是纸质档案，在经过扫描或拍摄后也可以用来制作图册。照片和图片的混搭，是图册编制过程中常见的现象。

文字方面，要紧扣图片内容，注意详略得当。以档案图照为主的图册，由于其影像资料具有很强的历史感，所表现的内容远离现实生活，只有标注相应的文字，而且是比较详尽的文字，人们才能知其所以然。

4. 辅文的编制

辅文，也称参考材料，是指编研成果正文之外，帮助读者阅读使用编研成果的文字、图表、照片等附加成分。辅文按性质和用途可分为三类：评述性辅文，以序言为代表；查考性辅文，包括编辑说明、注释、大事记及各种附录；检索性辅文，主要是目录和索引等检索工具。

（1）序言。序言又称前言、引言、并言、叙言等，是阐明某一编研成果的宗旨缘起，概括介绍成果的内容，扼要评论其价值，体现其特点的文章。它是全书的纲领，能够引导读者更好地阅读、利用编研成果，对读者起着指导作用。

撰写序言应结合档案加以介绍，将编研成果的主要内容和特色展示在读者面前。序言的形成方式包括：①非编者（作者）序，即邀请相关领导同志或知名专家学者撰写的序言。此类序言侧重于评价编研成果的意义与价值；②代序，即以一篇与编研成果内容紧密相关的学术性文章来代替序言，这篇文章既可以源自编研人员自身，也可以来自外界。

对于将法律规章、政策制度汇编成集的编研成果，一般不需要序言。刊登在报刊上的小型编研成果，可以"编者按"的形式给予介绍说明。

（2）编辑说明。编辑说明，又称编者的话、编辑例言、出版说明、凡例、编例等。编辑说明的作用：①介绍编研成果的构成；②介绍编研人员所做的工作。著作型成果一般不需要编辑说明。

编辑说明的主要内容有编写目的、内容范围、材料来源、编写原则及方法、内容编排方式等。为了让读者一目了然，编辑说明通常采用条目式的写法。

（3）附录。附录是附在正文后面，与正文内容相关联的参考资料。附录是为供读者在阅读、使用编研成果时查阅资料而设，同时也可以使编研成果的内容显得更加充实、丰满。

（4）索引。索引是将编研成果中的内容要项或重要名词逐一摘出，按照一定的规则排列，标明其页数，以备读者查找的一种检索工具。

索引主要由名目和注码两部分组成。名目指列入索引的被检索对象的名称，经常使用的有人名、地名、文献名以及专业术语等。注码是依次出现于编研成果中的该名目所在的所有页码。注码之间的符号可以使用逗号、分号、顿号等，但必须统一。编制索引包括：

①从读者的需要和编研成果的内容特点出发，确定索引种类。②在文稿上进行标引，即查找到相应的名目，并在名目处做一记号。标引时要注意异人同名和一人多名、异书同名和同书异名等现象。③摘录名目，将已标引的名目一一摘抄下来，按照笔画顺序等次序排列。改编页码是最后也是最关键的一步。因为文稿上的页码与出版清样上的页码不同，千万不能将从文稿上摘下的页码当作索引最终的注码来使用。正确的做法是根据已摘录的名目，在出版清样上找到其对应的页码，然后逐一标注。至此，索引的编制工作就大功告成了。

第三章 不同类型档案的管理工作

第一节 专门档案管理工作

专门档案的定义：机关、团体、企业、事业单位及其他社会组织（以下简称"单位"），在从事某些专业性较强的活动中，为了实现相关职能目标而形成和使用的，具有查考、利用和保存价值并按照专门的管理办法整理归档的各种载体形态的历史记录。其中包括会计档案、人事档案、诉讼档案、病历档案等。"专门档案是相对普通档案而言的，具有特殊性，单一性和同类文件数量多的特点。"

一、专门档案管理的要求

在管理与研究各种门类的档案时，既需要充分考虑到不同专门档案的个性特征，又要兼顾不同专门档案的共性特征，将两方面的特征有机地统一起来，才能将专门档案的管理工作和专门档案的研究活动建立在科学的基础之上，取得实际绩效，并应注意从以下方面始终坚持并加以把握：

第一，坚持党和国家的方针政策。党和国家制定的关于档案工作的方针政策、制度法规以及国家档案行政管理机关制定的档案工作的通用规章制度、规范标准、工作规划等，都是在全面概括各种门类档案共性的基础上制定的，具有普遍的指导意义，也是各种门类档案管理与研究的基本依据。

第二，坚持既定的档案管理原则。我国实行档案工作统一领导、分级管理的原则。这既是档案工作的基本原则，也是档案学基本理论的重要组成部分。"统一领导、分级管理"的原则对于各种门类的档案管理与研究是普遍适用的，这也是开展专门档案管理工作实践所必须遵守的基本准则。

第三，坚持满足科研开发等活动的利用需求。维护档案的完整与安全，采用现代化技术手段与科学方法，保护、修复档案，尽可能地延长档案载体的寿命，维护档案的安全，完全适用于各种门类的档案管理工作需要，也是各种门类档案管理工作的共同目标和任务。

第四，坚持与社会发展同步采用现代技术手段。在社会信息化飞速发展的今天，努力开发档案信息资源，服务于社会主义现代化建设，是包括专门档案在内的各种门类档案管理工作的共同目的。由于各种门类档案的内容、使用范围、保密程度、管理要求等具有很大不同，因而，专门档案的信息开发利用工作中理应采取不同的方法和手段。

专门档案往往产生在机关或企业、事业单位，而且是比较重要的核心档案，是机关或企业、事业单位的主体档案。专门档案应归入档案管理中，其应按照全宗管理的原则，实行集中统一管理。

二、加强专门档案管理的策略

第一，切实加强对专门档案管理工作的指导。档案管理部门要深入各有关专业部门，充分调查、研究专门档案的管理、使用特点，了解、掌握其特性和内部结构，制定切实可行的整理组卷管理办法。作为专门档案管理单位，要加强与档案管理部门的沟通与联系，争取档案管理部门的支持和指导，共同做好专门档案的规范化管理工作。

第二，强化人员管理，积极开展档案业务培训。在实际工作中，一方面要对档案管理人员严格管理，制定明确的岗位责任制度，明确各岗位的工作职责，同时要在保证档案管理人员相对固定的前提下，为他们个人的进一步发展提供相应的空间。另一方面要加强对相关人员的档案业务培训，从档案形成的源头抓起，包括专门档案的形成、整理、保管所涉及的全部工作人员都要具备一定的档案业务素养，关键岗位要严格持证上岗制度，保证专门档案的形成齐全，整理规范，管理科学，方便利用。

第三，提高专门档案信息化水平。近年来，利用者对专门档案信息化服务的需求越来越迫切，为此，应将档案数字化工作纳入议事日程，加快现有档案资源的数字化步伐，通过对现有专门档案的数字化，建立起各种档案数据库，健全查询功能，这既有利于原件保护，也有利于网络传输，满足社会多层次的利用需求。

第四，循序渐进，将条件成熟的专门档案接收进馆。要解决专门档案管理水平较低等问题，最快捷、最有效的方法就是进行档案资源整合，将符合进馆条件的专门档案接收进馆。

修改接收进馆范围，采取循序渐进的方式，将条件成熟的并且群众查阅需求较高的城建、房产、国土、婚姻等接收进馆，利用综合档案室（馆）在馆舍、保管、利用服务等方面的优势，统一对外提供查询利用。

建立专门档案接收进馆的长效机制，按时移交，建章立制，规范管理。采取以点带面的方式，逐步推进，坚持成熟一个，接收一个。这样一方面对专门档案的规范化管理、科学化利用是一个有益的实践；另一方面，可以丰富馆藏、优化结构，提升档案室（馆）知名度和社会影响力。

总之，专门档案的管理是一件浩大工程，事关人民群众的切身利益，搞好专门档案工作，对推动本地区社会经济发展，维护社会稳定将起到重要作用，我们必须下大气力搞好专门档案的管理工作，为建设和谐社会做出档案部门应有的贡献。

三、建立专门档案的管理体制

随着我国经济体制改革的不断深化和社会主义市场经济体制的逐步建立，为了全面提高档案工作的科学管理水平，促进档案管理系统化、标准化、规范化，使之更好地为机关工作和社会服务，近年来，档案行政管理部门在抓好文书档案工作的同时，重点狠抓了专门档案，并充分利用专门档案，为经济建设和宏观决策服务，收到了明显效果。

（一）提高认识，健全机构，完善设施

专门档案不仅是机关工作的完整的、系统的反映和记录，而且是领导进行科学决策的重要依据。专门档案利用范围广，既是我们从事监督管理和行政执法活动的基础，也是为社会提供服务的源泉。

专门档案门类多，数量大，工作难度大，档案行政管理部门制定了专门档案管理制度，明确了专门档案的范围、管理原则、管理方法，纳入了档案管理体系，并针对专门档案的特殊性提出了特殊要求，使专门档案管理工作也有章可循。

（二）认真收集整理，保证专门档案的特性

针对专门档案复杂多变的特点，采取档案管理人员与具体从事业务工作的专业人员相结合、自己组织整理与聘请专业人员整理相结合的方法，由档案专职管理人员指导和协调，同时在专门档案的收集、整理上坚持了三个原则：

第一，完整地收集资料，要求一个"全"字。专门档案按照建档原则，采取平时收集、定期收集、集中收集结合的方式。例如，某工商局企业登记材料、商标注册材料、广告经营许可证材料、经济违法查处材料、私营企业登记材料等，每办完一个，收集整理一个卷宗；定时收集主要是每年对企业年检时进行，因为年检时间相对集中，工作量大，年检结束后组织突击收集整理；集中收集主要是对各个门类的专门档案收集而言的。

第二，科学的分类立卷，要求一个"准"字。对收集的材料按真实、准确、精练的原则，将必须归档的材料归集在一起，对不符合归档规定的材料认真分析，慎重处理。

第三，系统地整理材料，要求一个"细"字。整理档案材料既要注意收集完整齐全，又要注意系统合理。

（三）开发利用，发挥专门档案的服务功能

管理档案是手段，利用档案是目的。要开发利用专门档案，充分发挥专门档案在经济建设中的作用。

第一，编制了全引目录、案卷目录、分类回录、分区域目录和卷内目录计 100 多册，提供准确的检索工具。

第二，认真开展了档案资料的编研工作，编写了组织机构沿革、大事记，建立全宗介绍，收发文汇集等。为查找档案资料提供方便，建立了电脑房，将现有部分专门档案资料输入电脑管理。注意专门档案利用实效，并做好登记。

第二节 会计档案管理工作

会计档案是指各类机构在经济管理活动中产生的会计凭证、会计账簿和会计报表等具有保存价值的并作为历史记录保存起来的会计核算专业材料；会计档案工作则是财会部门和档案部门按照有关法规保管和供给利用会计档案的活动。"会计档案是反映企业经济活动、业务事项的主要凭据，是会计工作的核心组成部分。"会计档案的类别包括：会计报表、会计账簿、会计凭证和其他。会计凭证、会计账簿和会计报表既在作用上有区别，又是一个密切联系的会计核算体系。

一、会计档案的管理机制与规定

（一）会计档案的工作管理体制

鉴于会计档案工作的特殊性，中国建立符合财会工作规律和要求的从中央到基层的会计档案管理体系。

第一，财政部与中华人民共和国国家档案局负责全国会计档案事务。从全国来看，会计档案工作由财政部和中华人民共和国国家档案局负责领导和管理，具体表现是：

财政部制定、颁发《会计基础工作规范》，对建立会计岗位责任制、使用会计科目、填制会计凭证、登记会计账簿、编制会计报表、管理会计档案、办理会计交接等事项做具体规定，其中"管理会计档案"作为会计人员的重要职责之一。

财政部和中华人民共和国国家档案局联合制发《会计档案管理办法》，对会计文件的立卷、归档以及会计档案的保管、调阅与销毁，都做明确的规定。

《中华人民共和国会计法》对会计档案的管理有专门条款做了明确规定，把中国会计档案的管理纳入依法办事的轨道。

第二，地方财政部门和档案行政管理机关对会计档案工作实施指导、监督和检查。在地方，会计档案工作由地方财政管理部门和档案行政管理机关依法同时结合本地区的特点来制定会计档案管理的地方性法规，从而贯彻国家的法规，对本地区的会计档案工作实施指导、监督和检查。

（二）会计档案管理规定

第一，依法管理会计档案。各单位对会计凭证、会计账簿、财务会计报告和其他会计资料应当建立档案，妥善保管。会计档案的保管期限和销毁办法，由国务院财政部门会同有关部门制定。将会计档案的管理用法律的形式规定下来，既说明会计档案对于国家建设和管理的重要意义，也为会计档案的管理明确法律依据。在会计档案的形成和管理活动中必须依法办事，保证会计档案的真实、完整和安全。

第二，按照规定，制定具体实施办法。由于各地区、部门、单位的具体情况不同，在会计档案的具体管理上不可能完全一致，因此，允许各地区、各部门参照国家的会计制度，自行制定会计档案的具体管理办法。

第三，适应形势发展的需要，不断完善会计档案管理办法。形势的发展，会对会计工作提出新的要求；计算机技术在财务会计工作中的应用，也使会计档案的载体形式发生很大的变化，会计档案管理工作面临着一些新的问题。为此，应该根据现实的情况，不断补充和完善会计档案的管理办法，使会计档案的管理工作始终处于科学的规范之中。

二、会计档案的有机体系

会计档案的有机体系构成就是需要整理会计档案，按照会计工作的基本环节对会计档案进行分类、立卷、排列、编目等工作。整理工作对于会计档案的保管、查找利用具有重要作用。

（一）会计档案的分类方法

第一，会计年度—形式—保管期限分类法。此分类方法首先将会计文件按照会计年度分开，再将一个会计年度的会计文件按凭证、账簿和报表分为三大类。在三大类内再按永久、25 年、15 年、10 年、5 年的顺序排列；按会计年度顺序编制流水号。这种分类方法适用于单位的预算会计、企业会计。

第二，会计年度—保管期限—组织机构分类法。该分类方法一是将会计文件按会计年度分开，二是将一个年度的会计文件按保管期限分开，然后，在同一保管期限内，按照单位的内部组织机构的顺序进行排列，同一内部组织机构的会计文件先排报表，后排账簿与凭证；按会计年度顺序编制流水号。这种分类方法适用于各级总预算会计单位。

第三，会计年度—会计类型—形式—保管期限分类法。这种分类方法是首先将会计文件按会计年度分开，再将一个年度的会计文件按税务部门的税收计划、税收会计、经费会计等会计类型分类，在各会计类型下再按报表、账簿、凭证顺序结合保管期限进行排列。这种分类方法适合于专业性强的各级税务机关的会计档案。

（二）会计档案的立卷与整改

会计档案的立卷应遵循经济活动和财务收支的规律，由财务部门办理终结后，将凭证按照现金、银行存款、销售往来等会计科目装订成册；各类账簿也按科目成册形成案卷，作为会计档案的基本保管单位。

在整改过程中，对账簿的处理有两种方法：第一，对活页式账页，填写账簿启。用表，拆除空白页，编好页码，加账簿案卷封面和备考表后，进行装订。第二，对固定式的账页，为保持原貌，不须拆除空白页；填写账簿启用表，并在账皮上贴账簿案卷封面。

（三）会计档案的归档工作

根据规定将会计凭证、会计账簿和会计报表集中归档、统一保存的活动被称为会计档案的收集。会计档案的收集工作要认真贯彻"统一领导，分级管理"的原则，各单位的会计档案要实行集中统一管理；同时，会计档案的收集工作要符合会计工作的规律，遵循会计档案的形成规律，要保证会计档案的齐全、完整和安全。

1. 归档范围

归档的会计文件材料主要来源是财政机关总预算会计、单位预算会计、建设银行会计、机关经费会计、税务机关的税收会计、企事业单位会计及建设单位会计等。会计文件材料的归档范围主要包括会计凭证、会计账簿和会计报表等会计核算专业材料。

2. 归档职责

各单位应将会计文件的积累和归档列入会计人员的职责范围，建立归档制度并明确归档范围和登记办法。根据会计文件形成的具体情况，应将归档或收集渠道落实到人，以保证会计档案的收集质量。

3. 分散会计档案的归档

在正常情况下，会计档案的收集是通过执行归档制度完成的，但是，出于某些原因，有些会计档案未能及时归档而分散于各处。针对这种情况，应采取措施，将分散的会计档案收集齐全。如：各单位应清楚地掌握历任会计的任职情况，必要时，逐人逐年地收集会计文件；如果发现会计文件丢失或损毁的问题，要出具说明材料，并报领导审核。

（四）会计档案的目录编制工作

会计档案案卷目录，是按保管单位进行登记编制的，著录案卷内容和成分并按一定次序编排的用于检索的案卷名册。会计档案案卷目录的项目主要有：案卷顺序号、案卷号、原凭证号（或文号）、案卷标题、起止年月日、张数、保管期限、存放位置、备注等。

会计档案案卷目录的项目及填写方法如下所述：

第一，顺序号。顺序号指会计档案在案卷目录中顺序排列的序号，用阿拉伯数字填写。

第二，案卷号。案卷号指每个案卷在该目录中的流水号。一本目录内不能有重复的案卷号。

第三，原凭证号。原凭证号指记账时按科目赋予的凭证编号。无原始凭证号的，可填写该凭证册上的编号。

第四，案卷标题。案卷标题指案卷封面上的标题。应写成：XX 单位 XX 年度报表，XX 单位 XX 年度经费总账。

第五，起止年月日。起止年月日指案卷最早形成年、月、日至最后形成年、月、日。

第六，件数和页数。件数指卷内会计档案的份数，页数指填写案卷的总页数。

第七，保管期限。保管期限指会计档案的保存时间，分为永久、25 年、15 年等几种。

第八，存放位置。存放位置指会计档案存放库房号以及柜（架）、格、盒的编号。

第九，备注。备注部分填写需要说明的事宜。

（五）会计档案的保管工作

1. 会计档案装具

用来保护会计凭证、账簿、报表的盛装用具被称为会计档案装具。既能减少频繁利用存放的机械磨损，又能有效地防光、防尘、防有害气体直接对档案的危害，是保护会计档案的一种较好的办法。

（1）会计档案盒的制作要求。用 250g 的牛皮纸印刷、折叠而成。存放整齐、美观、搬动方便。对制作会计档案盒有一定的技术要求，一般应符合下列条件：①制作卷盒的材料要坚固耐用，又要采取防虫措施，在制作时应加一定的防虫药剂。②卷盒应取存方便，减少机械磨损。③卷盒表面要光滑，便于除尘。④卷盒尺寸应以放存案卷方便为准。

（2）会计凭证档案盒。会计凭证盒要略大于装订好的凭证。在会计凭证盒的脊背上装上塑料膜，以备往上插会计凭证卡片，卡片上印有"会计凭证、类别、年、月、卷号、保管期限"等项即可，以方便拆换。因为会计凭证保管期限较短，一般不超过15年即可销毁，会计档案盒可以较长时间使用，这样只要按时换去卡片即可继续使用，而且可以节省大量经费。使用时，将印有"会计凭证"字样的一头朝外放入档案架或柜橱内，查找利用十分方便。

（3）会计账簿档案盒。会计账簿档案盒的规格为：长30厘米，宽22厘米，高3~5厘米；在盒盖翻口处两边的适当位置要设置穿扣，使盒盖能紧扣住卷盒。在会计账簿档案盒的脊背上印上"科目""目录号""案卷号""保管期限"等项即可。存放时，将会计账簿档案盒的脊背向外放入档案橱内，科目醒目，方便查找。

（4）会计报表档案盒。在会计报表档案盒的封面上印制：编号、密级、年度会计报表、编报单位、单位负责人、会计主管、填报人、保管期限等项。脊背上印制："会计报表""年代""目录号""案卷号""保管期限"等项。如果会计报表较厚，要采取特殊的方法予以保管。

2. 会计档案的摆放

接收入库的会计档案经登记后，可摆放于档案装具之上，固定其存放位置。会计档案摆放要做到整齐一致；若有规格不一的会计档案，应适当分类，尽可能摆放整齐。

会计档案的摆放一般有两种方法：第一种是会计年度摆放法，即将一个会计年度形成的全部会计档案分为凭证、账簿、报表、其他四大类。按保管期限依次摆放；这种方法适用于会计年度形成档案较少的单位。第二种是会计档案形式摆放法，即先将全部会计档案按凭证、账簿、报表、其他四大类分别排列，在四大类内再按会计年度排列；这种方法适合于会计年度形成会计档案数量较多的单位。

3. 会计档案的保管期限

（1）会计凭证，一般情况下不需要永久保管，保管一定时期（例如15年）基本上可以满足查找利用的需要。会计凭证，天天月月产生，日清月结，数量很大，都作为永久保存，既无必要，也不可能。

（2）会计账簿保存15~20年即可，也不需要永久保存。这主要是因为会计账簿中的一些项目和数字已被会计报表所代替，会计账簿保存一段时期后查找率就会很低。

（3）会计报表，特别是其中的年度会计报表（决算），需要永久保存。季度报表、月份报表保存3~5年。如果年度报表过于简略，或年度报表遗失，需要季度报表、月份报表辅助，则季度报表、月份报表可酌情适当延长保管期限。

（六）会计档案的销毁工作

第一，会计档案销毁清册的编制。会计档案销毁清册是对经鉴定认定无保存价值的会计档案进行登记的目录名册，是销毁会计档案的依据。

第二，会计档案销毁审批报告的编制。会计档案销毁审批报告是对需要销毁的会计档案情况的书面说明。要上报单位的领导、上级主管部门以及上级财政部门和档案部门审批；销毁工作完成后，还要由监销人员和销毁人员在报告上签名盖章。

第三节　人事档案管理工作

一、人事档案管理体制与规范

下面以机关事业单位为例，解读人事档案管理模式与管理规范。

（一）人事档案工作管理体制

人事档案工作的管理体制是指党和国家管理人事档案工作的组织体系与制度。主要包括：

1. 人事档案管理的领导体制

人事档案管理的领导体制是增强人事档案工作发展宏观调控能力和对人事档案管理导向作用保障。根据我国国情和人事档案的特殊性，对这种专门档案的管理，应由中央组织部、人力资源社会保障部和国家档案局联合组成领导机构。具体讲应是建立以组织部门为主导、人事部门为主体、档案部门为指导的领导体制，共同商定我国人事档案管理工作方针政策等重大事宜，对我国人事档案管理工作从宏观上予以指导。

2. 人事档案管理的专门机构

人事档案管理的专门机构主要是为了确保相对集中统一地管理人事档案。根据相关工作规定要求干部档案管理实行集中统一和分级负责的管理体制，干部档案按照干部管理权限由组织、人事部门管理。

（1）集中型人事档案管理体制。集中型人事档案管理体制是指各单位人事档案集中由本单位组织、人事部门管理。对于高校和大型企业来说，无论其职位高低，无论从事何种工作，其所有在职员工的人事档案应由该机构人事档案机构或综合性档案机构统一集中管理，而不应分散在各科室部门，离退休人员档案应由该机构档案室（馆）统一管理，因为人事档案的归宿与其他档案一样，其最后的归宿完全可以进入永久性保管档案的机构，只是在利用范围、时间、内容等方面比其他档案要求更严、保密程度高一些。

县及县级以下机构的人事档案应按行政区域集中统一管理，凡属该行政区域内工作的任何人员，无论职位、年龄、专业、工作单位等情况有什么不同，但其人事档案均由一个档案机构管理，不必分散在县直各机关保管。这样既可节省人力、物力，提高人员素质，防止部门单位之间互相推诿扯皮，而且可以方便利用者利用档案，提高利用效率，也有利于实现人事档案标准化、现代化管理。

省（自治区、直辖市）、市（地、州、盟）党委组织部门负责集中管理本级党委管理干部的人事档案；省、市级直属机关和国有企事业单位组织人事部门集中管理党委（党组）管理的干部和本单位其他干部的人事档案。县（市、区、旗）以下机关（单位）的干部人事档案可以按不同类别、身份，由县（市、区、旗）党委组织部门、人力资源社会保障部门等分别集中管理。

对于中小型企业的人事档案，更应该实行集中统一管理。这里是指应集中在该行政区域人事档案管理中心或该企业所属管理部门，而不是中小型企业机构单独集中管理。因为在"抓大放小"搞活大型国有企业的过程中，必然有许多中小企业被收购、兼并，即使能够独立存在，也普遍存在缺乏专用档案装具、库房和人员的问题。实行较大范围的集中，可以减轻中小企业负担，使企业人事档案有条件得到科学化和现代化管理，避免或减少因中小企业条件简陋造成人事档案损毁或者丢失等事件发生。

（2）分散型人事档案管理体制。分散型人事档案管理体制是指各单位人事档案分别由组织、人事、行政、劳动、学生工作处、科研处等机构管理。目前，我国人事档案实行分散型管理体制主要有三种情况：

第一，县级以下机构的人事档案归多头管理，隶属混乱，参加主管人事档案的部门有组织、人事、劳动、民政等，兼管人事档案的部门有教育、医疗卫生甚至每一个部门。

第二，有些高校人事档案实行分散管理，分别存放于组织、人事、劳资、办公室、科研处、教务处等部门。

第三，人事档案管理与档案业务指导机构关系疏远，处于分离状态，各级档案机构对其他专门档案具有业务指导作用，而对人事档案管理缺乏业务指导，管理人事档案的人员很少甚至根本不参与档案部门的业务活动。

（二）人事档案管理规范化

人事档案规范化管理是实现人事档案标准化的前提和基础，也是提高人事档案管理效益的有效途径。现在，加强人事档案的规范化管理，对于历史地、全面地了解干部、实行党管干部，更好地开展组织人事工作，开发人事档案信息资源为社会主义现代化建设服务，具有十分重要的意义。

1. 人事档案管理规范化特点

人事档案管理规范化是指根据组织、人事、劳动等部门的现实要求，科学地、系统地、动态地管理人事档案，使人事档案发挥更大效能，更好地为社会主义现代化建设服务。

人事档案管理规范化特点包括：

（1）科学性。根据人事档案形成的客观规律，在档案学理论和组织人事理论的指导下，通过建立人事档案管理的法规体系，对人事档案进行科学的组织和加工，保证人事档案的真实、完整、安全和实用，做到收集完整、鉴定准确、整理有序、保管安全、利用方便。

（2）系统性。根据人事档案的类别、形式、性质和特点进行分类和整合，保持人事档案内容和形式之间的内在联系，做到层次分明，项目清楚，结构合理，体系完整。

（3）动态性。采用电子计算机等高新技术和手段，形成人事档案的网络体系，积极开发人事档案信息资源，实现人事档案信息资源的共享。

2. 人事档案管理规范化的目标

人事档案规范化管理是一项理论性和实践性都很强的活动，任务很繁重，就其整体而言，其目标包括以下五项内容：

（1）档案材料完整收集。人事档案材料的来源具有多维性、广泛性和分散性的特点，只有完整、全面地收集人事档案材料，才能使人事档案浓缩一个人的全貌，做到"档即其人"，才能为各级组织、人事、劳动等部门了解人、选拔人和使用人提供重要依据。

完整地收集人事档案材料，需要进行的工作包括：明确收集归档的范围；制定收集工作制度；采用先进科学的收集方法，如整理前收集和整理后收集、内部收集和外部收集、纵向和横向收集、经常和突击收集等。

（2）档案材料准确鉴别。鉴别是保证人事档案真实、完整、精练、实用的重要手段，完成鉴别的人事档案，才能正确反映人员的经历和表现，才能为组织人事劳动等部门提供正确可靠的依据。因此，鉴别工作必须始终坚持"具体问题具体分析"原则，具体鉴别方法包括：

第一，看。查看归档材料是否准确。

第二，辨。辨别材料是否真实。

第三，查。检查材料是否完整。

第四，筛。将材料进行筛选，保持材料精练。

第五，审。审核材料中的相关手续是否完备。

（3）档案材料整理有序与保管安全。档案材料经过收集、鉴别后，还需要以个人为单位进行加工成卷的整理工作。整理的目的是使人事档案材料系统化、条理化、规范化。其要求是分类准确，编排（归档）有序，目录清楚，装订整齐。重点是分类和编排（归类），它是人事档案整理工作的关键。分类和编排（归类）必须坚持性质判断、内容判断和同一标准判断的原则。

在信息化条件下，不仅要注重人事档案实体安全，还要注意保障人事档案信息内容的安全。安全、保密、有效保护是人事档案保管工作的核心和宗旨。档案材料的保管工作是根据国家有关档案工作、保密工作的法规和制度，根据人事档案管理和利用的要求，对人事档案所实施的安全、保密、保护和科学存放的活动。因此，人事档案的保管工作需要做到：①坚持"集中统一、分级管理"原则，科学保管、确保工作质量；②加强安全保密工作，改善保管条件，做好基础工作。

（4）档案材料方便利用。人事档案管理活动的根本目的是开发人事档案信息资源并有效提供利用。只有提供利用，才能发挥人事档案的作用，产生社会效益和经济效益。同时，也可使人事档案工作质量得到检验和提高。人事档案提供利用是一项政策性、业务性很强的工作，必须坚持保密原则、需要原则、有效原则和客观原则。因此，除了提供人事档案原件外，还需要利用人事档案管理系统建立个人档案信息，编制专题信息资源，开展多种形式的主动服务、联机检索、信息推送服务等。

二、人事档案资源服务的方式与策略

（一）人事档案信息资源服务的方式

人事档案信息资源开发与服务的方式是指档案管理部门在符合服务利用的范围内，所进行利用服务的具体形式。归纳起来主要有以下几种内容：

1. 档案材料的查阅

（1）档案材料的查阅要求。根据相关档案管理规定，人事档案的调卷查阅需要通过提供原件、开辟阅览室等方式进行。以干部档案为例，查阅要求概括包括：①查阅的人事档案应当在允许查阅的范围之内；②查阅党委系列的人事档案的人必须是中共党员；③查阅人事档案时，不能查阅本人及其亲属的人事档案；④没有经过领导批准，不允许查阅同级人员的档案，下级组织或单位的人不能查阅其上级的档案；⑤同一单位的人事部门不允许查阅本单位领导人的档案；⑥人事部门查阅人事档案必须有手续完备的介绍信，其他部门查阅人事档案必须有经过本单位领导签字的正式介绍信；⑦介绍信上未列出的查阅内容，一律不提供查阅。

随着社会信息化程度的不断提高，公民的知情权意识越来越强，无论哪个职位的员工在工作中，需要查阅档案材料时，必须填写查阅人事档案审批表，其中包括查阅档案的理由与目的，查档人的工作单位、姓名、详细住址、政治面貌、文化程度等，上述内容均须全部填写清楚，然后由单位主管领导签字和加盖公章，报人事档案部门审批以后才能查阅。

对于人事档案管理部门来说，要认真审查查档人的审批表及查档人的证件，看其阅档理由是否充分，是否符合有关的规定和要求，手续是否齐全完备，然后决定是否提供查阅。人事档案部门还可通过设立宣传栏、展览室提供利用。

（2）档案材料的查阅范围。档案材料的查阅范围包括：①由于人员的任免、调动、出国、入党、入团、政审、福利、待遇、离退休、纪律检查、组织处理、复查、鉴别、治丧等情况需要了解某个人的具体情况时，可以查阅人事档案；②由于编史修志工作中需要了解某个人的社会经历和在某事件中的表现情况，而此人这一时期因为某些原因不能书写或口述的，甚至该人已经死亡的，可以查阅该人的履历、自传及有关部分；③其他特殊情况需要查阅人事档案的，必须经过主管人事工作的领导审批同意后方可查阅。

（3）档案材料的阅档注意事项。阅档注意事项包括：①查阅人只允许在指定阅览室查阅，不允许将档案带出阅览室；②属跨单位、跨系统查阅人事档案者，必须持手续完备的介绍信和审批表，介绍信和审批表要经过上级领导批准；③查档人必须严守阅览制度，不允许在档案上圈画、涂抹、篡改、批注，更不能拆散和抽出档案材料；④在干部子女和直系亲属入党、入团、参军、出国、招工、提干前要进行审查以便了解其父母及亲属情况时，按照有关规定，一般由该人所在单位的有关部门提供情况，不必查阅人事档案；⑤如果要了解某人的情况又可以和该人直接面谈的，一般应采访该人，不允许查阅人事档案；⑥人事档案部门不负责出具证明材料。经过批准或履行一定手续后，可以摘抄或复印人事档案中的有关部分，经档案管理人员审查无误，加盖印章并注明出处。

2. 档案材料的外借

相关档案管理工作条例规定，档案一般不外借。若必须借出使用时，要说明理由，经过主管部门负责人批准，并严格履行登记手续，限期归还。

（1）档案材料的外借情况。通常可以借出档案的情况包括：①上级机关和本单位主管部门因为审批职务任免、调动、出国、提干、享受某种待遇或进行政治审查、考察和考核时需要借用人事档案；②根据工作需要，某人要调往外单位，在调动之前，将其档案寄往有关单位审查；③由于特殊需要必须借用人事档案。尽管这是针对干部档案而言，但也可供其他类型的人事档案外借参考。

（2）档案材料的外借要求。借用人事档案有以下几条具体要求：①外单位要借用人事档案，必须持手续完备的介绍信和借阅报告，由人事档案管理部门审核，经过人事部门批准后，才能借用；②本单位人事部门或其他部门工作需要欲借出人事档案时，需要填写借阅单，经人事档案管理部门同意后，才可以借用；③借出人事档案之前，必须进行认真登记，除了在"借阅人事档案登记册"上逐栏登记外，还必须填写"人事档案借阅卡片"，而且需要将借阅介绍信或借阅报告一起保存，以便查询和催还。④借出档案的时间不能太长，用完以后应当及时归还，如果到期仍要借用，须办理续借手续，借用者对档案要妥善保管，不允许交无关人员翻阅，不得转借，未经批准不能复制。

3. 制发档案证明

档案证明是指人事档案管理部门根据有关档案用户的申请，为核查某种事实在库藏档案中的记载情况，根据档案原件编制的书面证明材料。通常人事档案部门不利用原件开具证明材料。

（1）制发档案证明的情况。符合人事档案部门提供档案证明的情况包括：①要查证的问题与该人员有直接关系，而作为相对人的该人员已经死亡、病重不能口述或其他原因不便提供材料，而该人员的人事档案中确有能证明该问题的文字记载。②该人员子女因政治审查必须由组织出具书面材料证明其身份和政治面貌的。③司法、公安、监察、纪检等部门因工作需要了解某人员身份和有关情况的。④其他特殊需要，经人事档案部门主管领导批准应予开具档案证明材料。

（2）制发档案证明的步骤。制发档案证明材料是一项政治性、政策性很强的工作，需要遵循的步骤包括：①必须根据有关机关、单位的申请，填写开具档案证明申请表。申请表应写明申请出具档案证明的目的，所要证明的事项和事实。②坚持实事求是和具体问题具体分析的原则，正确采用复印、引用、节录原文等形式，务求保证表述和摘录的客观性、真实性和准确性，注意注明材料的来源与出处。③已编写的档案证明，必须认真地对照原文进行审核，确认无误后方能加盖公章。④开具的档案证明实行一式两份制，并编写号码，一份交申请制发证明的利用单位，一份留存。

（3）制发档案证明的注意事项。具体的注意事项包括：①区分制发档案证明与调查证明材料。前者是由用户申请，经人事档案部门根据档案原件编制的书面证明材料；后者是为加强人事管理、党员管理和审查案件的需要，由相关部门直接相互发函或派人调查形成的证明材料。

4. 提供复制件与人事档案信息服务

（1）提供档案材料的复制件。人事档案工作中可以通过提供复制件、人事档案信息为利用者服务。不同的查阅目的，对应不同的复印方法，如：以利用为目的的复制，通常采用静电复印技术；以展览为目的的珍贵人事档案，通常采用仿真复制技术；需要长期保存的人事档案，需要技术制成缩微品进行复制。

（2）人事档案信息服务。利用人事档案管理信息系统，分配给人事档案所有者一定的权限，可以进行信息自助服务。也可以通过人事档案管理机构，提供必要的信息服务。对于已经完成数字化的人事档案，或者接收的电子版人事档案文件，可以提供数字化作品或者电子文件进行服务。

（二）人事档案信息资源服务的策略

1. 完善人事档案管理的实体建设

参照人事工作的发展，人事档案信息开发和服务的基础是努力开发档案材料的信息资源，广泛收集人事档案材料，不断充实档案内容，更新人事档案材料，完整反映人事的情况，减少信息老化，避免时效性失真。

由于人事档案材料具有动态性，需要注重收集反映各种人才德、能、勤、绩等方面的材料，收集干部的年度考核材料、任免材料、各种奖励材料、科学技术成果材料、专业技术职务评聘材料、学习培训材料等。在收集工作中，要把握人事档案材料形成的各个环节，掌握人事档案材料形成的规律，及时、准确、完整地收集新形成的人事档案材料，使其齐全完整，促进其内容向立体化和可量化方面转化，为档案信息开发打好基础，为考察、选拔、培养和使用人才提供可靠的依据。

2. 转变观念履行档案资源服务职责

（1）破除传统观念的束缚，全面理解人事档案的价值。严格执行相关法律法规，为开发利用人事档案信息资源创造良好的社会环境。

（2）开放观念，倡导人事档案可以有条件地向本人提供资源服务，打破人们对人事档案的神秘感和陌生感，使人们认真履行相关手续，知晓相关档案内容，并利用人事档案解决实际问题。

（3）用全面的、发展的观点看人才，要有组织有计划地收集、整理、宣传介绍干部队伍中坚持四项基本原则，勇于改革，在社会主义革命和建设事业中做出重大贡献的中青年干部和科技工作者。

（4）遵循科学、求实原则，多渠道、多形式地向组织人事部门提供在社会主义现代化建设中具有典型意义的各类干部代表的档案信息，为使用好人才提供依据。

3. 建设人事档案数据库，提升资源服务水平与能力

（1）建设人事档案数据库。随着人们对电子化人事档案的需求提高，开发人事档案资源基础性工作就是加强人事档案信息化、全文数据库、目录数据库，建设各种特色数据库。为了加快实现人事档案信息化，人事档案管理部门需要与 IT 行业协同合作，通过全程参与本单位人事档案管理信息系统的设计与实施，增强人事档案管理功能，提高人事档案信息化的实用性。

（2）转变资源开发方式，提升资源服务水平与能力。人事档案资源需要采用编辑各类人员的各种信息资料，建立"人事卡片"和"各类人员的名册"，利用计算机建立"人才库"，将干部的简历、任免、奖惩、学习培训、考核、工资、专业特长以及干部离退休时间等信息资料编印成册，提供给领导和决策机关参考及干部人事工作者利用等，可以拓宽人事档案信息资源开发利用领域，充分发挥人事档案的作用。转变人事档案开发方式包括：转变为开发利用型人事档案、转变为主管单位和个人服务并举、转变为主动服务。

第四节　科技档案管理工作

一、科技档案的特点

科技档案是档案的一大门类，科技档案是保存备查的直接记述和反映科技、生产活动的科技文件。科技档案的特点如下：

第一，现实性。其他文件归档后基本上完成现行功能，而科技文件在归档后往往仍具有很强的现实使用性，并将在相当长的时期内继续发挥这种现行功能。

第二，专业性。科技档案产生于各个不同的科技生产领域，具有各不相同的形成过程和规律，反映不同的专业性质和成果，其内容和形式有很强的专业性。

第三，成套性。科技生产活动的开展都是以一个独立的科技生产项目为对象进行的，如一个课题的研究、一个工程项目的设计和施工、一种型号产品的研发和生产、一个气象过程的观测等，围绕该项目的进行所形成的一系列相关的科技文件，记载和反映该项目活动的全过程和成果，构成一个密不可分的有机整体。

科技档案是科学技术资源储备的一种形式，是发展生产和科学技术，进行现代化建设的依据和条件。充分利用科技档案，能取得技术效用和经济效益。科技档案具有工作查

考、科学研究、经验总结和技术交流等多方面的作用。

二、科技文件的积累与整理工作

（一）科技文件的积累工作

科技文件的积累是贯穿在从科技文件形成、流通到归档前的全过程，是贯穿科技生产活动始终的工作。这既是科技档案工作的需要，也是科技管理工作的要求。科技文件积累的一般方法有以下方面：

第一，科技人员个人积累。科技人员个人将自己在科技生产活动中形成的科技文件自行积累。具体做法是：由部门领导或科技项目负责人下达积累工作的要求，科技人员按规定进行具体的积累工作，并将积累文件的数量、内容等进行登记，在适当的时候交由部门或科技项目组的兼职资料员统一整理立卷归档。

第二，兼职资料员积累。即在科技生产部门或科技项目组设立兼职资料员，由兼职资料员负责日常科技文件的积累和管理工作。

第三，科技档案部门积累、保管。基层科技档案部门也负责某些类型的科技文件的积累、保管工作，主要是产品或工程设计的底图、蓝图。因为，产品或工程设计的底图、蓝图，在一般情况下，数量较多，且须复制、传递，为便于管理，一般由科技档案部门暂时保管，待产品定型或工程设计完成后正式归档。

（二）科技文件的整理工作

1. 科技文件的立卷

科技文件的立卷就是将一组内容上具有有机联系的、数量适度的、价值和密级基本相同的科技文件组合在一起，形成一个保管单位。保管单位的形式有卷、册、袋、盒等。科技文件的立卷工作具有很强的技术性，不同种类的科技文件应采用不同的立卷方法。

（1）按专业立卷。即根据科技文件内容所涉及的专业分别组成案卷。如一个机械产品的工艺文件，可按铸造、锻造、热处理、焊接、电镀、油漆等不同专业分别组成案卷。

（2）按时间立卷。即根据科技文件所反映或形成的时间特征分别组成案卷。如自然现象观测活动中形成的文件，可按不同时间分别组成案卷。

（3）按工序或阶段立卷。根据科技生产活动的程序或工作过程，把反映不同程序或过程的科技文件分别组成案卷。如工艺文件可按加工的不同工序分别组成案卷，科研、设计文件可按科研、设计的不同阶段分别组成案卷。

（4）按问题立卷。即根据科技文件反映的不同问题分别组成案卷。如某项综合调查或考察、某个专业讨论会，可按调查或考察、讨论中的不同问题将科技文件分别组成案卷。

（5）按名称或文件性质立卷。即根据科技文件的不同名称或不同性质分别组成案卷。如设计任务书、计算书、说明书、工程预算或决算、学位论文等可按名称分别组成案卷，或将科技文件按不同性质如原始基础性文件、中间过程性文件、成果性文件分别组成案卷。

（6）按地域立卷。即根据科技文件所反映或形成的地域特征分别组成案卷。如地质勘探文件、地形测量文件和水文、气象观测等文件均可按地域组成不同案卷。

2. 卷内科技文件的排列

卷内科技文件的系统排列也是组织案卷的一项工作内容，目的是为更好地保持和正确反映卷内科技文件之间的有机联系，便于日后的管理和查找利用。

（1）按科技文件目录或编号顺序排列。科技文件中的图样，一般在形成时已有图纸编号和图样目录，这些图号或目录本身就反映图样合乎实际的排列顺序。因此，按目录或编号排列的方法对图样的排列是非常适用的。

（2）凡文字材料和图样混合立卷的，如果文字材料是对整个对象（如产品、工程、课题）或整个案卷（如部件、专业等）或多份图样进行的总说明，则文字在前，图样在后；如果文字材料只是对卷内某份图样进行补充或局部性说明，则图样在前，文字在后。

（3）按科技文件特征排列。卷内科技文件如果单纯是文字材料，则可按其重要程度、问题、时间、作者、地区等特征排列。按重要程度排列，就是按照科技文件的重要程度依次排列，重要的在前，次要的在后；按问题排列，就是先将科技文件按不同的问题分为若干部分，然后再按此问题与彼问题之间的逻辑关系进行前后排列；按时间排列，就是按照科技文件形成的时间或其内容所反映的时间进行排列；按作者排列，就是将科技文件按作者进行划分后，再结合其他特征如时间先后等进行排列；按地区排列，就是按照科技文件形成的地区或其内容所反映的地区，并结合其他特征进行排列。

3. 案卷编目

案卷编目，是以案卷为对象，通过一定的形式固定案卷系统整理的成果，揭示案卷内科技文件内容与成分的工作。案卷编目的内容包括编页号、填写卷内科技文件目录和备考表、填制案卷封面和脊背标签等。

三、科技档案的供给使用方式

科技档案的供给使用，是指科技档案部门采用多种有效的方式，直接供给科技档案及其信息加工材料，及时、准确地满足使用者的需求。科技档案供给使用的方式如下：

第一，科技档案的借阅。开展科技档案借阅，是科技档案部门供给使用的基本方式，包括内部借阅和外部借阅两种形式。内部借阅是指本单位科技人员借阅档案，其借阅方式有阅览和借出两种。外部借阅是指在某些特殊情况下，外单位因工作需要可暂时外借，但这种外借应有严格的制度规定并办理相关手续。

第二，科技档案的复制供应。复制供应是指以晒印蓝图、静电复印件、缩微胶卷（片）等复制材料为使用者供给使用服务，是科技档案供给使用的一种重要形式，包括对内复制供应和对外复制供应两种。

第三，科技档案的科技咨询。科技咨询是指科技档案部门以科技档案为依据，通过综合、分析，研究科技档案信息，为使用者解答有关科技档案状况或有关科学技术内容的一种服务方式。

第四，科技档案的陈列展览。陈列展览是指把科技档案中的一部分，按照一定的专题予以陈列展出，让科技人员自行阅览，获取其所需科技档案信息。

第五，科技档案的信息交流。信息交流是指科技档案部门通过印发目录和编辑出版编研成果，报道和交流科技信息。

第四章 不同机构的档案管理工作

第一节 医院档案管理工作

医院档案是医院管理工作中必不可少的一部分，是医院的基础信息资源，影响着医院的有序健康发展。然而现阶段医院档案管理中存在诸多问题，影响了医院管理水平的提升。为了适应当前社会的经济发展，推动医院的健康发展，加强医院档案规范化管理至关重要。

一、医院档案在医院管理中的地位与价值

（一）提升医院档案在医院管理中的地位

第一，实现档案管理人员的技术的专业性的有效提升。医院在开展管理工作的过程中，应当加强对于档案管理人员的考核和培训，为其提供学习与交流的机会，并且根据考核结果建立相应的奖罚制度，以此激发其自主学习的积极性。档案管理人员的技术的专业性的有效保障和进一步提升，可使医院档案更加体现出其价值性，进而保障了医院档案在医院管理中的地位。

第二，建立专门的部门开展档案建设工作。为了实现医院档案内容完整性以及档案分类的系统性，医院在开展管理工作的过程中，应当建立专门的部门开展档案的管理工作，并配备相应的人员。此外，有关人员要加强对于档案的管理工作的重视程度，以此有效地确保医院的各项收入的明确性。

第三，着重开展医院的经济管理工作。医院经济管理工作的开展状况，无疑是决定医院的发展前景的重要因素之一。在实践中着重开展医院的经济管理工作，将会计档案应用于工作的开展进程中，可以体现医院在医院档案管理中的地位的稳固性。

第四，将先进的信息技术应用于医院管理工作。随着科学技术的不断发展，信息技术在各行各业的应用也逐步地呈现出了普及性特点。将先进的信息技术应用于医院管理工作的开展进程中，可以有效地提升医院档案管理工作开展的精确性和时效性，进而使得档案

管理工作的开展为医院的整体发展提供更大的推动力。

档案管理人员专业性的进一步增强，可以有效地提升档案的真正效用的发挥，同时专门的档案管理部门的建立以及先进的科学技术的应用，都可以使档案在医院的管理工作中发挥出更大的功效，实现自身地位的有效保障，引导医院获得更加广阔的发展空间和更加理想的发展前景。

（二）医院档案在医院管理中的价值

在明确了医院档案在医院管理中的应用现状后，开展医院档案在医院管理中的价值探究，根据医院档案在医院管理中的特点，主要可以将其存在的价值总结归纳为如下四点：

第一，实现医院档案和资料的有效整理。医院档案的有效建立，可以进一步实现相关档案的有效整理。医院的档案管理人员，通过完成医院档案的整理工作，可使医院的各类资料的日期和类别得到明确的标注，并且按照其内容的重要性进行进一步的分类存储。

第二，进一步明确医院档案管理的内容和范围。以医院档案中财务档案为例，其主要包括医院的总账、单项账、日记账以及医院的总体资产和其他不固定的财产。因此，医院档案的建立可以有效实现医院财务管理内容和范围的明确性提升。同时，医院的档案中还包括医院签署的各项合同，这些合同内容的明确，也可以为医院管理工作的良好开展提供巨大的推动力，并增强医院管理工作的流程性和秩序性。

第三，方便医院内部人员查看资料。医院档案的有效建立，可使医院的高层人员在进行医院整体的管理工作中，能够有效地查看医院的医疗用品的采购合同、工程合同、技术合同，以及各项医疗票据，进而有效地掌控医院的各种状况。医院的管理人员以及相关的档案管理人员对于医院信息及档案情况的认识更加明确，可以有效地保障医院管理水平与成效，与此同时，也提升了医院内部人员对资料查看查找的便捷性，从而凸显了档案在医院档案管理中的关键性价值。

第四，明确医院财务档案的管理期限。医院档案可以对于医院的年度财务情况进行整体的统计，进而使得医院的财务报告可以按照其管理期限进行排列。医院会计档案在医院档案管理中的价值若得以充分发挥，则医院财务管理档案期限可以体现出更加理想的明确性。

二、医院档案的规范化管理

（一）医院病案管理

病案是有关病人健康情况的文件资料，包括病人本人或他人对其病情的主观描述，医务人员对病人的客观检查结果及对病情的分析、诊疗过程和转归情况的记录以及与之相关的具有法律意义的文件。病案的载体可以是纸张、缩微胶片、磁盘、硬盘、光盘或其他设备。目前,病案的称谓已不再仅指医疗记录,而是指更为广义的健康记录。病案管理也涉及这些资料的收集与管理。

病案管理学是研究病案资料发生、发展、信息转化、信息系统运行规律的学问,是一个实用性边缘学科。除病案管理、疾病分类、手术分类等自身专业外,它还涉及基础医学、临床医学、流行病学、心理学、组织管理学、统计学、计算机技术等相关专业和国家政策及法律法规。病案管理学的研究对象是病案管理、组织、技术、方法和标准。病案管理学的任务是通过理论研究,总结出一套行之有效的技术、方法和标准指导病案实际工作,即指导病案资料的收集、整理、分类、存储、检索、信息加工及资料或信息的提供、病案管理的质量监控、病案书写质量监控等。工作流程更加简便易行,符合时代的特点、客观实际的需要。病案管理学还应当研究病案教学的规律,通过正规专业教育及继续教育,指导人才培养。

1. 医院病案信息的作用

(1)医疗作用。病案在医疗方面的主要作用是备忘,特别是对一些疾病和诊疗情况的细节,哪怕这位病人是他最亲近的家人。在现代医疗中,医疗是一个整体行为,医师、护士和医技人员都直接参与到病人的医疗过程中。病案资料可以维系医疗团体的信息传递。病人的健康历史,患过什么病,吃过什么药,做过什么治疗,对什么药物过敏,这些记录对参与医疗的人员都至关重要。

(2)临床研究与临床流行病学研究作用。病案对临床研究与临床流行病学研究具有备考作用。临床研究主要是对案例的研究,即个案或多个案例的研究。临床流行病学的研究则是对案例相关性的研究,是对疾病在家族、在人群流行、分布的研究。病案要想更好地服务于这一目的,必须有计划地收集相关的信息,建立好的索引系统。

(3)教学作用。病案被誉为活的教材,作为教材的优点还在于它的实践性,它记录人们对疾病的认识、辨析、治疗的成功与失败的过程。

(4)医院管理作用。病案的管理作用通常需要通过对病案资料的统计加工才能发挥出来。统计、分析这些变化的原因,对医院制定管理目标、评价管理质量有极其重要的意义。

(5)医疗付款凭证作用。随着我国医疗改革的深入,基本医疗保险制度、商业医疗保险在我国的开展,病案在医疗付款方面有了新的作用—凭证作用。因此,病案记录中的疾病,疾病的编码都成了收费的关键。

(6)医疗纠纷和医疗法律依据作用。医疗是一个高危行业,医院是以病人为医疗对象，极容易出现医疗意外、医疗事故，产生医疗纠纷和法律事件。病案在处理由医疗意外、医疗事故导致的纠纷和诉讼中可以起到证据作用。

（7）历史作用。病案记录了人的健康历史，也记录人类对疾病的抗争史，同时病案记录也可以反映某一历史时期的历史事件。

2. 医院病案信息管理工作

病案资料需要加工处理之后才能成为信息，这也是病案管理人员需要专业知识，需要掌握加工方法、加工工具，成为信息管理专业人才的原因。病案的利用才是目的，根据病案的作用，所有与医疗、研究、教学、法律文书及证据、行政管理、医院经济经营管理等有关的资料都将是收集的对象，可靠的资料来源及资料采集方法是正确统计、分析的保障。病案资料的整理需要按照一定的规则，遵守一定的标准。病案资料的加工、保存及信息的传输需要借助现代化的科学技术，主要是计算机技术。

（1）病案资料的收集。病案资料的收集是病案管理工作的第一步，也是基础工作。病案资料的收集包括一切与病人个人有关的个人主诉、病程记录、医疗操作记录、护理记录、检查化验报告、签字文件、随诊信件等。在这一过程中，要强调掌握资料的源头。对于门诊病案，资料源头产生于挂号室。住院病案，工作流程始于住院登记。

（2）病案资料的整理。病案整理是指将纷乱的病案资料按一定的顺序排列，将小纸张的记录粘贴，形成卷宗。门诊病案的整理主要是将诊疗记录按日期的先后顺序排放、粘贴。

（3）病案资料的加工。加工是将资料中的重要内容转换为信息，一般是采用索引形式。目前，我国病案管理的加工主要是对病案首页内容的加工，几乎所有的医院都将病案首页信息全部录入计算机。加工还应包括将病案资料的载体由纸张转化为缩影胶片、光盘，甚至录入到计算机硬盘。

（4）病案资料的保管及利用。保管是指对病案入库的管理。保管对病案库的环境有一定的要求。如病案库的温度、湿度、防尘、防火、防虫害、防鼠、防光等。

病案只有使用，才能体现价值。使用病案的人员除医师外，其他医务人员、医院管理人员、律师、病人及家属、医疗保险部门等都需要使用。越是近期建立的病案，使用频率越高。越是有价值的病案（特殊疾病、特殊人员），使用频率越高。保管好病案的目的是为了更好地利用。

保管好病案与病案排列系统、病案编号系统、病案示踪系统、病案借阅规定等有密切关系。没有最好的病案管理体系，合理就是最好的。应视各医院的条件、环境、病案流通量等诸因素决定采用某一管理体系。较为理想的保管病案体系是：单一编号+尾号排列+颜色标号+条形码。

3. 医院病案管理的质量控制

质量控制（简称质控）工作是病案科的一项重要工作，它是通过查找质量缺陷，分析造成缺陷原因，最终达到弥补缺陷（提高服务效果、降低成本、增加效益等）的目的。病案质控包括病案管理质量与病案内容质量管理两部分。病案管理质控是指对病案管理工作的各个流程进行质量检查、评估，通常，对病案本身的缺项检查也包括在管理质量控制范畴。

（1）病案质量控制的重要性。

第一，提高医疗质量，保障医疗水平。病案质量与医疗质量密切相关，病案服务质量关系到服务对象的满意度，进而会影响到医疗质量。例如：病案服务的及时性与否会影响医师对病人是否能够及时、正确采取医疗措施；准确的病案信息服务会影响到临床研究结果的完整性、可靠性；病案记录是其他医务人员对病人继续医疗的依据，它的质量更是医疗质量的保证。要想提高医疗质量，保障医疗水平，离不开高质量的病案，也不可缺少对病案质量的监控。

第二，基本医疗保险、商业保险的要求。随着医疗改革的深入以及国际介入我国医疗市场的深入、扩大，基本医疗保险和商业保险的份额还会继续扩大。医院在医疗市场中，首先是要生存，其次才是发展。医疗保险的介入将增加对医疗活动合理性的监控力度。

（2）影响病案管理质量的因素。

第一，各级领导对病案管理事业的重视程度是病案管理质量的重要保障，对病案管理工作越重视、越投入，病案管理事业就越发达，重视程度与病案管理质量和事业发展成正比。

第二，医、护、技人员对病案资料的重视程度是病案管理工作的基础，把病案的资料与医疗摆在同等重要位置，不但写好病案而且管好病案资料，爱护自己的工作成果，这样病案的内在和外在质量必然很好。病案的保管是为了利用，病案出库后在医务人员的手中环节诸多，没有全院医务人员的配合，病案管理质量是一句空话。

第三，病案管理人员的整体素质（思想素质、道德素质、工作作风和敬业精神）是病案管理质量的关键。病案管理人员应树立正确的专业态度，掌握基本管理技能，思想要不断更新，知识也要不断更新。不断地学习和吸取其他医院的经验，国外的先进经验和技术，结合自己的实际工作，不断改进工作和管理方法，积极进取，总结管理经验，提高管理水平。

第四，现代化管理设备是病案管理质量的基本手段，如计算机、复印机、光盘、缩微、光卡、听打系统、电子病案等管理设备及技术的引入可以保证病案管理的现代化、科学化。

第五，严格的工作程序和严密的组织及健全的规章制度是病案管理质量的保证。

（二）医院健康体检档案规范化管理

医院健康体检档案包括受检者的个人基本资料、健康状况信息、体检报告等，是重要的医学资料。实现医院体检健康档案规范化管理，对于提升医院诊疗水平与诊疗针对性具有重要作用，亦能及时更新公众健康理念、提升公众健康生活意识。但在实际工作中，医院健康体检档案规范化管理情况并不尽如人意，存在医护人员缺乏对档案规范化管理重要性的认识、医院缺乏档案管理制度、医院对档案管理的投入不足等问题。为此必须采取有针对性的措施，真正做到健康体检档案规范化管理。

医院健康体检档案规范化管理的加强对策如下：

1. 医院健康体检档案规范化管理的重要意义

医院要认识到健康体检档案是医学资料的重要组成部分，实现档案规范化管理具有现实意义。要做到档案规范化管理，必须严格依据体检登记工作站发布的指令进行体检项目管理，依托医院内部的信息系统，构建集体检查、就医检查等于一体的标准化体检流程，形成内容完整、格式统一、资料完整的体检信息。还应当细化不同的体检单元，确保能够在医院各科、不同工作站中完成体检系统工作站的设置，构建起系统化、虚拟化的体检单元。这样可以实现体检档案的完整保存，为研究同一地区公众的病种和区域疾病分布状况等提供重要的事实论据，真正使健康体检档案为临床诊疗服务，为公众健康管理和疾病跟踪治疗服务。同时要认识到体检者或病人系档案利用主体，要通过档案规范化管理，为体检者或病人提供优质的档案查阅利用服务，并围绕不同体检对象的身体状况对档案进行系统归类，根据档案资料制订相应的健康促进计划，维护医院与公众的良好关系。

2. 完善的健康体检档案管理制度

完善的健康体检档案管理制度是实现档案规范化管理的重要前提，管理制度必须包括如下两方面：一是对健康体检档案管理的保障措施提出明确要求，要求医院划拨专项经费用于档案管理设施设备的购置、开发或升级，并且合理调配资源用于档案管理系统建设，确保档案管理现代化水平不断提升。此外，还应当安排符合要求的健康体检档案管理库房，满足档案安全保管的需求。二是建立健康体检档案管理考核评价机制，将档案管理纳入医院年终评价体系之中，督促医院档案管理人员尽心尽责做好工作，并要求相关医护人员配合工作开展，不断提升档案规范化管理水平。

3. 推动档案信息化建设

医院要实现健康体检档案规范化管理，必须借助信息技术，并树立大数据理念，推动健康体检档案信息化建设。

（1）医院应当加大信息管理平台的开发与建设力度，指派专业的软件工程师、体检中心工作人员参与平台研发工作，在平台内创设内部登记、存档、查询、统计等相关功能模块，并立足实践不断加以完善。

（2）医院应当着重完善平台的网络结构，确保平台能够实现全院覆盖；并完善体检服务器的各项性能，将之与医院信息部交换机进行连接，确保信息数据的安全存储、高效传输与资源共享。

（3）应当为每一科室的医生设置专属工作卡号和登录名，负责相关体检项目的整理与填写，并利用指定的标识标注体检结果，降低体检结果的失误率，确保体检结果能够迅速、快捷地录入相应信息系统中。

（4）还需要指派专业操作人员对体检中心工作人员实施专业化培训，确保其能够熟练掌握操作方式，以及依托专属口令、密码完成相关操作。

4. 建立标准化管理流程

明晰档案管理工作流程。要实现医院健康体检档案规范化管理，必须建立标准化管理流程，并要求医护人员明晰档案管理流程，了解每一个环节的具体工作要求。在体检登记工作环节，医院应当根据体检单位或个人的要求完成体检人员分组，并依据单独体检项目与体检套餐完成体检类别的划分，以此安排体检顺序，同时明确不同体检项目的规定检查期限。在此过程中，由于体检单位参加体检的人员数量较多、体检时间相对集中，医院体检工作量在短时间内会迅速增大，极有可能产生如档案登记错误等问题。因此在这一环节，医院应当做好充分的前期准备工作，如在体检活动开始前与体检单位或个人进行充分沟通，为每一名体检者编号，依据专属 ID 号完成体检人员的编号，并将体检者的姓名、性别、年龄、身份证号码或者护照号码、检前问卷调查等资料录入到体检系统中；再如执行预约登记制度，确定体检人员的大体数量，完成指引单、条形码的印发。多措并举为档案规范化管理做好充分准备，并确保档案工作有序开展。

在体检工作环节，一方面要求各科体检医生明确其专门负责的体检项目，如在负责的项目中发现体检者存在异常结果务必如实登记，并将信息如实录入医院体检系统；另一方面要求采血室的护士严格比对体检人员的 ID、指引单、条形码等信息，确保将体检人员的条形码准确贴至标本试管上，依照相应批次和顺序送往实验室化验，并将检测结果录入体检系统中。通过这样的办法，确保健康体检档案信息准确无误。

在主检医生环节，要求主检医生配合工作站进行体检结果汇总，与各科体检医生对接，明确每位体检者不同项目的体检信息，并形成相应的体检总结与指导建议，进而形成体检报告。还要严格执行体检报告分科审核制度，并依次通过初审和终审，完成终审后则不能再对体检报告进行修改。在体检系统中应分别明确记录初审、终审医生的姓名与编号，并与体检报告共同留存在系统中，确保每一份体检报告都可追溯到对应的审核人员。

在体检报告分发工作环节，要求医院体检中心的负责人基于工作站完成报告的印发，并生成相应的电子文档存储到体检系统，完成信息数据的存储与加密。还可根据要求，在线传递给个人体检者或单位。需要注意的是，面向受检单位分发体检报告时，不仅要提供个人体检报告，还要对单位体检情况进行汇总，向单位提供职业病分析、疾病比例等数据，满足体检单位的相关需求。

在体检系统维护环节，医院要做好工作站的维护与升级工作，对照数据字典进行体检项目对应关系的录入与调整，并依照医生需求推动系统运行。具体来说，系统的维护人员要记录医院体检中心的详细信息，如体检中心的名称、地址、联系电话等，并对照数据字典和依据对应的体检项目，进一步对关键词库、疾病小结等内容进行设置，确保系统的可操作性。维护体检系统，亦是实现健康体检档案规范化管理的重要举措。

三、医院档案管理的改进策略

（一）提高医院档案的重视度

第一，通过对不同医院档案部门为医院管理工作提供的数据支持频率，直观展示出强化档案管理部门工作内容能够帮助医院实现阶段性管理目标，从而在思维意识层面强化医院管理层对医院档案管理的重视度。

第二，医院管理人员在扭转自身管理意识时，需要充分认识到新形势下医院档案管理模式是一项系统性的工程，而档案管理人员的工作质量将直接决定档案管理工作的优劣，从而由上而下地提高医院管理层对医院档案管理的重视度。

（二）强化档案管理技能

随着医院管理人员对医院内部的档案管理部门工作要求的逐步提高，通过强化档案管理技能的方式提高管理人员的管理水平已经成为新形势下档案部门的未来核心管理趋势之一。管理人员在实现强化档案管理技能这一目标时可以从以下两方面入手，通过管理措施之间的协同配合实现档案管理水平的提升。

第一，定期组织档案管理人员参与和提升档案管理技能相关的培训讲座，通过管理人员之间关于管理心得的交流综合提高工作人员的档案管理水平。

第二，针对后续档案管理工作需要引进具有一定管理技能的工作人员，以"鲶鱼效应"的方式提高档案部门的管理技能。

（三）增强医院档案管理的组织机构建设

档案管理人员作为整个医院档案管理工作的直接实施人员，其对于档案管理的有效进行发挥着非常重要的影响，所以，想要提升医院档案管理工作的有效性、合理性和科学性，就应该从增强医院档案管理组织机构建设工作入手，并且深入医院档案管理组织机构的部门整体与个人两个层面展开管理工作。

在医院档案管理部门的积极完善与建设过程中，医院必须有效地发挥其特有的优势与特点，构建拥有独立性优势的档案管理部门，并且将医院内部的经营管理以及医疗活动的所有详细档案的管理工作，都交由独立的档案管理部门统筹管理，这样才能够保障医院档案管理工作的协调性、集中性以及统筹性。

档案管理人员作为直接负责档案管理工作的人，其专业水平以及综合素养对于医院档案管理的整体水平以及成效有着很大的影响，所以相关部门必须加强对于档案管理人员的系统化培训，提升档案管理人员的实际专业水平和综合管理能力。

此外，在档案管理工作的开展过程中，应该根据医院的具体经营模式与实际现状，从而针对档案管理人员完善监管制度与相关的考核标准，促使档案管理人员加强自身的岗位责任感，从而进一步提升档案管理的质量与效率。

（四）完善医院档案管理部门的管理流程

医院的管理人员在医院管理的实践中承担着核心骨干作用，管理干部的决策力、执行力、创造力及其他组织领导能力，很大程度上决定了医院的发展空间与速度。医院的管理人员可以尝试从完善现有的医院档案管理部门档案管理流程入手，从根源上改善部门管理流程混乱的现象。在实际工作中管理人员应围绕科学管理价值观念建立档案管理流程，并在建立该流程时充分考虑其他部门的管理流程是否与该部分内容发生管理层面的管理冲突。

在落实档案管理流程时，针对管理流程展开多次管理试练，针对试练中暴露出的管理问题提出相应的解决措施。并将科学化的管理流程与日趋复杂的管理问题进行有效的结合，在完善医院档案管理工作的前提下，为社会公众提供更好的医疗服务。

（五）深入强化医院整体综合服务质量

为了更好地解决医患关系之间的紧张矛盾，同时也为了更好地推进我国医疗体系的创新与升级，近几年我国对于医疗方面的管理机制进行了深化创新与深入发展，落实到医院的管理方面也发生了很多重大的转变。

针对医院的整体管理开展深化的完善与改进，确保医院的整体管理水平获得极大的提升，保障医院的整体管理水平与临床科室的管理能力处于同一水平，这是强化医院整体综合服务质量的有效手段与途径。

此外，工作人员作为医院整体管理工作中的核心要素，其在医院档案管理工作的开展中发挥着至关重要的作用，所以，想要推进医院整体管理水平，势必要从管理工作人员的综合能力出发。通过提供定期的管理知识培训之外，还可以向管理人员提供外出提升学习的机会，从而为医院的整体管理工作提供综合型的管理人才。

第二节　企业档案管理工作

企业档案是一个企业生产、经营、技术等方面的详细记录。企业档案是按照档案的来源划分的，是与国家机关档案、党派团体档案、事业单位档案、军队档案等相对应的档案门类，是企业档案管理的研究起点。

一、企业档案的性质与作用

企业档案的作用是指企业档案对于人们从事实践活动的影响，是企业档案价值在社会活动中的体现，此处对于企业档案作用的探讨，主要从企业的角度分析企业档案对于企业的作用。

企业档案是企业各项职能活动的原始记录，是企业活动的真实凭证，包含了企业生产、经营、财务、管理、文化建设等各方面的内容，因此，其对于企业的影响是多方位、多角度的。具体而言，企业档案的性质与作用可概括为以下方面：

第一，企业档案是企业核心竞争力的重要组成部分。从信息管理的角度来看，企业档案记录了企业生产经营活动的成功经验和失败教训，是信息资源的重要组成部分。与企业人力资源、财力资源、技术资源等一样，信息资源也是企业资源中的重要组成部分，因此，企业档案是企业不可或缺的核心竞争力组成部分之一。企业信息包括企业在各项职能活动中形成的各类信息的总和，如图书、资料、新闻、情报、档案等，其中，档案是与企业活动最为息息相关、最真实可靠的信息，能全面反映企业的各项职能活动，其价值在企业信息体系中占据着重要的地位。

第二，企业档案是企业管理的重要工具。企业档案形成于企业各项职能活动中，与此同时，企业档案反过来能够成为企业创新的基础、改善企业管理的工具。企业档案作为管理工具是指在企业生产经营或科研产品开发过程中，与信息、情报、技术等综合发挥作用，影响企业管理决策的过程。例如，通过有效利用以往形成的档案，便于企业管理者迅速掌握企业的内部情况（如生产线、技术设备、人才队伍等情况）和外部情况（如同行、同系统、国际等的情况），以以往各类信息作为企业决策的基础，调整企业的生产方向、制订企业的生产计划，在企业内部进行指挥、控制、组织等管理活动。

第三，企业档案是维护企业经济利益和合法权益的有力保证。一方面，借助企业档案能够实现对外生产计划的调整和对内的高效管理，预测未来市场发展趋势，增强企业的市场竞争力。另一方面，由于企业在市场竞争中不可避免地会遇到各种矛盾和纠纷，企业档案保存了大量与企业权益相关的法律凭证性材料，使得企业档案在企业发生经济纠纷事件时成为解决纠纷、维护企业经济利益和合法权益的重要法律凭证和经济技术依据，如销售合同，在企业发生重大事件或经济事故时，能够成为企业维权的有力依据。

第四，企业档案是塑造企业文化的基础。企业文化是企业所信奉并付诸实践的价值理念，企业档案是承载企业文化的重要载体，代表着企业的过去，企业档案能够为企业文化的塑造提供大量丰富的真实资料，在企业文化的塑造中扮演着重要的角色。首先，企业档案的教育宣传功能为企业形象宣传提供最客观的记录，企业档案的凭证价值和参考价值对外可以为人们提供可证明企业信誉的真实记录（如企业的经营业绩、用户反馈资料等）。其次，发挥企业档案的激励功能，对内通过对与企业历史有关的档案进行汇编，可实现企业发展史的生动再现，便于加深员工对于企业发展历程的了解，增强员工对企业的归属感、凝聚力。最后，发挥企业档案的借鉴和参考功能，通过对企业档案的浏览，可总结以往管理中存在的问题、处理方法，吸取经验，为员工创造融洽、轻松的工作氛围。

二、企业声像与实物档案的管理

企业的档案类型众多，其中声像与实物档案的管理尤为重要。

（一）企业声像档案的管理

企业声像档案，是指企业在研发、生产、经营和管理活动中，形成的有保存价值的，以声音、图像、影像等方式记录信息的特殊载体，并辅以文字说明的历史记录。它是纸质载体档案的必要补充，具有直观形象、真实可信，制作过程短、传播速度快等特点，在收集整理、保管方面有特殊要求。

1. 声像档案的范围

声像档案按其形式来讲其范围主要包括以下几种：

（1）照片档案。照片档案是专指数码照片档案，是用扫描或数码相机直接拍摄获得的，以数码形式存储于磁盘、光盘等载体，依赖计算机系统阅读、处理，并可在通信网络上传送的图像文件，它由数码文件、照片、著录三部分组成。

（2）音频档案。声像档案的一种，是用机械、电磁等方法把声音记录下来而形成的声像材料。

（3）视频档案。视频档案是用光学、电磁等方法记录图像和伴音信号而形成的声像材料。

2. 企业声像档案的收集

声像材料收集应遵循以企业为中心，反映企业职能活动中主要内容、场景、人物实况的声像材料作为收集重点，挑选主题鲜明、影（图）像清晰、画面完整、未加修饰剪裁、内容齐全的声像材料归档。

（1）企业声像文件材料形成质量要求。

第一，照片拍摄。一般宜使用不低于 800 万像素的单反相机（卡片机宜不低于 1 000 万像素），并从反映活动、事件的原貌、发展过程、结果以及全貌、局部、特写几方面进行拍摄。

第二，音频录制。对重要活动、重大事项、重大决策、重大事件中有关人员的讲话应实时进行同步录音，并应采用规范格式录制。

第三，视频拍摄。应当采用高清摄录设备，从反映活动或事件的原貌、发展过程、结果以及全貌、局部、特写几方面进行拍摄；并通过非线编辑设备统一转换为高清视频文件。

（2）企业声像文件材料的归档范围。确定声像材料归档范围时，应将本单位形成的并反映本单位工作活动的声像材料作为归档重点。主要包括以下内容：反映企业发展的声像文件；反映企业在研发、生产、工程建设及运行维护中的声像文件；其他具有保存价值的声像材料。

（3）企业声像文件材料归档的职责与时间。

第一，记录企业董事会、监事会、年度工作会、职工代表大会以及其他重要会议形成的声像文件，在会议结束后承办部门和承办人员就应加上文字说明及时向档案部门归档，或与相应内容的纸质载体归档时间一致。

第二，企业其他重要职能活动和重大事件形成的声像材料，由企业宣传部门或相应的职能部门负责拍摄、积累，并辅以文字说明，并在形成后 1 个月内整理归档，或与相应内容的纸质载体归档时间一致。对较为重要的声像材料，归档时间应做到及时跟踪收集整理。

第三，工程现场声像材料，由各参建单位负责拍摄、积累并辅以文字说明，并按单位

（或单项）工程或专业在每年 3 月底前，将上一年度所形成的上述文件材料整理并向业主档案部门移交归档。

第四，专项（活动）工作形成的声像材料应在专项（活动）工作结束后 1 个月内归档。

（4）企业声像文件材料的归档要求。企业声像材料归档实行"谁主办、谁形成、谁归档"原则，由形成部门、形成单位负责撰写说明文字和整理归档，照片归档纸质和光盘各一式两份，视频和音频归档光盘各一式两份。具体要求如下：

第一，归档的声像材料原则上应是用数字成像设备或数字录像设备直接拍摄或录制形成的原始图像、原始视频和原声音频文件，不能对数码照片、视频、音频的内容和相关信息进行修改和处理，并尽量避免复制版归档。

第二，对反映同一内容的若干张照片，应选择其中具有代表性和典型性的照片归档，所选照片应能反映该项活动的全貌；反映同一画面的照片一般只归档一张。

第三，归档的声像材料必须主题鲜明，影（图）像清晰，声音清楚、画面完整等。对需要永久、30 年保存的声像文件，立卷单位应当将其制成光盘，并注明互相参见号。

第四，归档的声像材料应齐全完整。照片归档时，应同时有数码底片及文字说明。音频、视频归档时也应附简要的文字说明。档案部门在接收时，要听音看像，检查文字说明与实际内容是否相符、音像效果是否清晰等。

第五，对归档的声像材料应进行选择和鉴别，防止有声有像就归档的现象。如一次会议形成了若干张照片，并不是每张必归，需要从中选择典型、有代表性、重要的照片，既要保证齐全完整，又要精练。对反映同一内容的若干张照片，应选择其主要照片归档，同一个画面只能有一张照片。

第六，声像档案应存储为一式三套，一套封存保管，一套供查阅利用，一套异地保存；同时，须将声像档案录入企业档案信息管理系统。

（5）归档移交手续。企业各部门、各单位及参建单位将整理完毕的声像档案通过归档审查后，便可向档案部门移交。档案接收人员验收时，不仅要对移交的声像档案数量进行认真清点、核实，做到账物相符；而且对声像档案的内在质量进行抽查，验收合格，交接双方应履行签字手续，对不符合要求的须退回限期整改。

3. 企业声像档案的整理

企业声像档案整理是在对声像材料鉴定的基础上进行分类、排列和编目，使之形成有机联系的过程。企业声像档案整理应遵循其形成规律，区分声像材料的不同价值、保持声像材料的有机联系、便于保管和提供利用。

企业声像档案整理内容包括企业声像材料的筛选、分类、著录、编制卷内目录、备考表、装（册）盒、编辑声像档案案卷目录等工作环节。

企业声像档案有特定的技术要求，应在档案信息管理系统内设置相应的采集与加工模块，并与声像技术处理系统保持接口关系。

（1）企业声像档案分类。企业声像档案先应根据其内容性质进行分类，在同一内容性质下再按不同载体形式名称细分。即先分为管理类声像档案和科技类声像档案。将反映党、政、工、团（0~3大类）、经营管理、生产技术管理的声像材料归入管理类档案，其分类号可统一为"0"；反映科学研究、工程项目建设、生产等活动的声像材料归入科技档案范畴，其分类号为相应的6~9大类的1级或2级类目。再按不同的载体形式名称分为照片、视频、音频三类。类目层次，应根据企业声像档案数量和内容等具体情况来决定。为便于企业声像档案管理，可用英文字母分别表示不同类别的声像档案，即：S—声像档案，P—照片，V—视频，A—音频。

（2）企业声像档案保管期限。在同一活动中形成的声像档案与相应纸质的管理类档案或科技档案的保管期限应一致。因此，声像档案的保管期限可以参照纸质载体档案的保管期限加以确定，通常划分为永久、30年、10年。

（3）企业照片档案整理。企业照片档案整理可分为以下步骤：

第一，照片筛选。应挑选有保存价值的照片整理归档。对反映同一内容的若干张照片，应选择展现活动全貌和过程以及结果的主要照片归档，挑选有代表意义，反映活动、事件、会议发展原貌、过程、结果的照片，并应符合主题鲜明、图像清晰、画面完整、色彩还原真实且未加修饰和裁剪等要求。同一内容的照片还应注意量的控制。

第二，照片分类。整理时其分类应与本企业制订的档案类型划分方案一致，且应保持前后一致，不能随意更改。即按其内容性质分为管理类和科技类，管理类在全宗内一般按保管期限—年度—照片组（问题）进行分类。科技类在一个全宗内或一个项目内再按6~9大类结合问题进行分类组卷。

第三，照片排列。照片的排列应在类型划分方案最低一级类目内按问题结合时间、重要程度等进行排列。排列时应注意：同一类别的照片先排"组"，后排"张"。组与组之间按照形成时间的先后顺序排列。每组内的照片按画面的重要程度或形成时间顺序进行排列。一组照片不可分列在两本照片册中。

第四，照片编辑。数码照片归档时要求采用 WORD 或 WPS 等软件进行编辑，编辑时严禁 PS 和不按原比例缩放。

第五，照片著录。以每张照片为单位，著录的内容包括题名、档号、数码底片号、参见号、拍摄者、拍摄时间、说明等项目。

每（组）张照片均需拟写题名。照片题名应概括说明照片的主题及人物、时间、地点、事由等内容，应简明扼要、准确。

照片号即照片档案的档号，是固定和反映照片在全宗内分类与排列的一组字符代码。

纸质照片档号的格式一：全宗号—保管期限代码—册号—张号。

格式二：全宗号—保管期限代码—张号。若采用格式二，可选用照片、底片分别编号法或合一编号法（影像相符的照片、底片编号相同）。这两种格式多用于管理类照片档案。册号为在某一全宗某一保管期限内照片册的排列从"1"开始的顺序编号。格式一中的张号是指照片在册内的排列从"1"开始的顺序编号。格式二中的张号是指在某一全宗某一保管期限内照片的排列从"1"开始的顺序编号。而企业科技类照片档案，一般可采用全宗号—分类号—案卷号（册号）—张号的档号格式。其中的张号是指某一全宗或某一项目某一分类号下照片在某卷（册）内的排列从"0001"开始的顺序编号。

第六，编制卷内目录。每册照片均应编制卷内目录，用于登录每（组）张照片题名和其他特征并固定照片的排列顺序；照片档案卷内目录位于册内照片的最前面。

照片档案卷内目录组成项目包括序号、照片号、责任者、题名、拍摄时间、页号、底片号、备注。

第七，编制卷内备考表。每册照片均应编制照片档案备考表，其项目包括本册情况说明、立卷人、检查人、立册时间。照片档案备考表应排列在册内最后位置。

本册情况说明：填写册内照片缺损、补充、移出、销毁等情况。对照片立卷以后发生或出现的问题，应由有关的档案人员填写说明，并签名和标注时间。

第八，打印与装订。照片档案整理好后，按编辑好的顺序采用彩色（激光）喷墨打印在A4专用相纸上，并按页号对芯页装订成册。装订一般使用棉线，采用三孔一线方法装订。

第九，数据挂接和存储。照片档案整理好后，将编辑好的目录数据与图像数据通过网络及时加载到档案数据服务器端汇总，并存储在耐久性好的载体上。

照片档案可采用建立层级文件夹的形式进行存储，一般应在计算机硬盘非系统分区建立"照片档案"总文件夹。管理类照片档案应在总文件夹下依次按不同保管期限、年度和照片组建立层级文件夹，并以保管期限代码、年度和照片组号命名层级文件夹。科技类照片在"照片档案文件夹"基础上，再依次按类别、案卷和照片组建立层级文件夹，并以全宗号、分类号、案卷号代码和照片组号命名层级文件夹。

照片档案应存储在耐久性好的载体上，推荐采用硬磁盘、磁带和一次写入式光盘作为数码照片档案长期保存的存储载体。存储照片档案的载体应有专门的装具，且应在载体装具上粘贴标签，标签上注明载体套别（封存保管、查阅利用、异地保存）、载体序号、保管期限、起始年度、终止年度和存入日期等。

第十，光盘编号。光盘编号格式一般为全宗号或目录号—分类号—顺序号，其中顺序号为照片在存储光盘中按类别的流水号。

第十一，填写光盘标签。光盘刻录完成后，应填写数码照片档案登记表和数码照片档案元数据登记表。

第十二，光盘校验。光盘刻录完成后须进行校验，校验内容包括照片文件、著录文件和光盘说明文件是否完整、能否打开、文件数量是否准确等。

第十三，编制光盘目录。编制光盘目录包括光盘号（全宗号或目录号—分类号—盘号）、光盘题名（管理类由单位名称、年度和事由三部分组成，科技类由项目名称和事由组成）、起止年月、照片张数、刻录日期和备注等。

第十四，编制照片档案案卷目录。照片档案整理好后，应根据需要编制或从档案管理系统中直接打印出照片档案案卷目录。照片档案案卷目录的项目一般应包括档号、题名、起止时间、照片张数、保管期限、底片号、备注等。

（二）企业实物档案的管理工作

企业实物档案是指企业在从事研发、生产、经营和管理，以及社会交往中直接形成、获得、接受、赠送或征集的以实物为载体的，并对本单位和社会具有长远保存利用价值的历史记录。实物档案的特点是具有特定有形物品，形式多样、直观，具有一定的宣传性和艺术观赏性；并具有档案的原始性、直观性、凭证性、确定性，是企业档案全宗的重要组成部分。主要包括企业获得的各种证书、奖状、奖杯、锦旗、奖牌以及废止的各种印信，获赠的纪念品、宣传品以及反映企业不同发展阶段的产品样品，实体性科技成果、工作服装和设备以及工程建设获得的岩芯实物等物品。

第一，企业实物档案的收集。企业在从事研发、生产、经营和管理，以及社会交往中直接形成的各种形式的实际物品并不都是实物档案，只有能够反映企业的重要活动，具有凭证和纪念价值，并与其他档案互为参考和佐证的实物，才是实物档案。

第二，企业实物档案的保管期限。由于企业的实物档案相对较少，一般情况下实物档案都具有重要的历史价值，其保管期限可划分为永久、30 年、10 年。

第三，企业实物档案的归档。①归档实物应保持完整、清洁、无破损。任何部门或个人不得将应归档实物档案损坏、私存或转送他人。②归档实物应拍照，所拍照片纳入本企业照片档案管理，随同实物一同移交归档。并制作实物档案照片索引检索工具，两者之间应建立准确、可靠的标识关系。③本企业对外交往中赠送给对方的重要实物，也应拍照归档。④对没有标明主题和时间的实物档案，立档单位应对其主题、时间及来源等做相应说明附在其后。⑤归档实物移交时应进行登记，并按规定编制目录后一并移交。

三、企业档案管理的高质量发展

以工业企业为例，解读企业档案管理的高质量发展。

（一）企业档案管理高质量发展的新要求

1. 更高的管理效率要求

在激烈的市场竞争环境中，档案作为工业企业管理的重要组成部分，管理效率的高低，直接影响本企业整个的业务协调、信息流转、领导决策，进而影响本企业的竞争力。

我国已经步入高质量发展的新时代，落实到工业，这就要求我国工业企业从粗放式的数量增长走向精细化的高质量发展。企业发展理念的变化，引发了企业更加注重精细化管理，更加注重挖掘企业潜能，更加注重企业的可持续发展，更加注重企业创新等。因此，企业档案、档案工作的价值作用将日益彰显。新一代网络技术的迅猛发展和应用，给工业企业带来的就是信息大爆炸，工业企业管理的档案信息资源也呈指数型递增，海量的电子文件和档案数据的产生，必然会对企业的档案管理工作提出更高的要求。

2. 更高的档案的安全性要求

信息技术的发展和应用，为档案管理带来高效便捷的同时，也为档案管理带来了各种风险。在高质量发展的新时代，受信息技术的影响，档案数据管理主要基于非关系型数据库，保存的档案数据主要是非结构化的。工业企业档案数据是伴随着工业企业的生产、经营等各项业务活动中所产生的，具有实时性和动态性。档案数据来源于本企业的各个部门以及遍布本企业各个角落的智能传感器等产生的数据且数量庞大，这些数据的存在形式基本上是非结构化的。由于数据形成部门广泛且涉及的主体较为复杂，档案数据的来源呈分散化特点，进而使得工业企业对档案数据的安全性要求更高。

3. 更高的管理服务水平要求

高质量的档案信息可以提高工业企业的市场竞争力，促进工业企业健康、可持续地高质量发展，高质量的档案信息则需要通过服务才能传递给档案利用者，档案管理服务水平的高低直接影响档案信息价值的发挥是否充分。

互联网的普及实现了信息的共享，提高了信息资源的利用率。而档案管理更是搭乘了信息化的高速列车，使重藏轻用的档案信息得以利用、焕发生机与活力。借助于互联网实际上就是将档案管理变成"无围墙档案"的档案管理，档案利用者通过相关网站、平台或系统，可以高效、便捷地获取所需的档案信息。一方面保证了档案利用者的查阅需求；另一方面还能使工业企业档案变成"活的档案"，打破了档案"秘不示人""重藏轻用"的现状，从而切实发挥档案管理在工业企业发展中的服务性作用。

档案管理人员不仅是提供者更是服务者，更加需要在互联网的支持下，基于其整合性与融合性的优势，在收集信息的过程中，深度挖掘档案信息，探索档案信息之间的关联性，进而更加合理、完整、系统地整理、保存、管理档案信息。在工业企业发展的过程中能主动提供档案信息，提高档案的利用率，促进工业企业的高质量发展。

加强工业档案管理与新一代信息技术的紧密结合，促进档案信息的深度融合，做到实时共建共享。不仅可以减少人力、物力以及时间成本，还能加强工业企业各部门之间的交流互动，了解各部门的需求，提高工业企业发展中档案管理的服务效率。工业企业档案管理人员应运用新技术对海量的数据进行整合，提高档案管理人员对这些档案信息的价值和质量的鉴别。同时，通过网络技术实现电子档案和档案数据的加密和保护，可以保证档案信息的完整性和档案信息安全性的保护，实现工业企业档案管理工作中，在保护档案的同时又能够综合利用档案，更好地提供档案服务。

（二）企业档案管理高质量发展的策略

1. 管理理念的高质量发展

（1）转变管理思维。管理理念决定着工业企业档案管理工作的指导思想、目标定位和价值取向以及行为方式等。因此，转变档案管理人员的管理理念对工业企业的档案管理工作具有重要的意义。档案管理工作人员也要与时俱进，顺应工业企业的发展要求革新思想创新管理理念，树立"大档案观"理念，促进档案管理的科学化、规范化和精细化，从而提供科学的、高质量的决策依据。

（2）提升服务意识。做好档案管理工作是为了更好地实现档案的有效利用，最大限度地发挥档案的价值。而档案管理人员的服务意识直接影响档案服务工作的水平和质量、档案的利用率和利用效果以及档案管理工作良性循环的可持续发展，尤其是对档案管理工作如何适应工业企业的高质量发展而言，提升档案管理人员的服务意识显得尤为重要。

此外，工业企业档案管理者应充分利用新媒体的优势，提供更多的服务方式，省去传统档案借阅中办理借阅、归还、出库和入库等手续对人工的依赖性，使档案利用更加便捷化。

2. 管理制度的高质量发展

（1）完善档案管理相关法规。为了推动工业企业与数字经济的深度融合，企业需要进一步完善档案管理工作体制机制，并对新时期的档案管理的地位、作用和发展目标提出了新要求，将档案管理制度和标准与企业发展进行高效整合，以解决传统档案管理与新时代档案管理的矛盾。

完善档案管理相关制度，规定了机关、团体、企业事业单位和其他组织的档案管理责任，增加了档案信息化建设的规定，明确了电子档案的法律效力，并扩大档案开放利用，缩短档案封闭期。

（2）完善行业档案管理标准。国家制定出台了关于国有企业档案管理工作的有关法规制度，为了适应国有企业的档案管理而不断及时修改和完善，各个行业也应结合自身的行业业务活动的特点加以细化，建立健全本行业的档案管理标准和制度。

作为如此大而全的工业体系，伴随着工业企业生产、经营、管理等各项业务活动会产生大量的档案，且这些档案来源更广泛、种类更丰富、形式更多样化。这就需要与之相适应的工业行业档案管理标准和制度，从而促使工业企业档案管理更加科学、合理地发展。现有的工业行业的档案管理的法规制度也应随着工业企业的发展不断修改和完善，提高档案管理质量，才能更好地推动工业企业新时代高质量的发展要求。

（3）完善企业档案管理制度。从企业层面出发，工业企业应根据我国档案法和档案管理相关法规制度及时修改和不断完善本企业的档案管理的各项规章制度和管理规范。

在高质量发展的环境下，档案管理工作发挥着非常重要的作用。由于在工业企业发展过程中，档案管理工作发挥着非常重要的作用，在工业企业高质量发展的背景下，档案信息的数量及种类都会随之不断增加。

3. 管理模式的高质量发展

（1）、企业创新自我管理模式。

第一，工业企业方面应该大力发展创新思维，并将创新思维和传统模式进行有机结合，充分发挥档案管理传统模式和创新模式的优点。

第二，企业的档案管理是工业企业信息资源管理的重要组成部分，档案管理好坏直接关系到企业信息资源的管理质量，因此要把握企业档案管理中的整体性创新工业企业档案管理模式。从企业的整体发展状况出发，实现企业资源管理整体划分，使企业的档案管理拥有明确的整体性，在总体上把握了企业档案的管理方向，最后实现企业档案分部管理，形成整体把握，部分运行的档案管理形式，实现企业各个部门之间档案的综合管理与信息资源的共建共享，为工业企业的高质量发展提供有力的档案服务。

第三，工业企业档案是伴随着本企业的各项业务活动产生的，记录了工业企业发展的整个过程，因此档案管理工作是一项长期的工作，档案管理人员应用注重对企业的档案管理采用发展的眼光对企业档案进行管理。在企业档案管理工作中，要把握好企业的总体发展方向，同时还要善于发现企业的潜在发展能力，按照企业的发展规划对企业的档案进行综合分部整理。不仅可以有效推动企业档案管理合理、有序地进行，还能够有效促进企业未来发展中，对企业档案管理的调控。为企业今后的项目发展或产品研发提供理论支持，档案管理者用发展的眼光看待企业档案管理是企业实现创新发展的重要理论途径。

（2）第三方托管模式。第三方托管公司具有良好的信息化处理手段、齐全的档案保管设备和专业的档案管理人才队伍以及长期的专业档案管理工作经验。在现实中，也已经有很多企业将自己的档案和一般的档案业务进行托管。第三方托管作为一种管理模式和经营战略，可以削减工业企业运营成本，简化工业企业内部的运作流程，能够使工业企业专门从事自己擅长的工作，充分利用资源发挥自身优势、提高核心竞争力。还可以利用档案托管公司的专业优势，使工业企业档案以最低的成本获得专业的保管。

四、企业档案与企业形象塑造

企业形象是企业实态在大众心目中的主观反映，其目的必然是要树立一个美好的企业形象，而美好的企业形象给企业带来的意义也是巨大的。

（一）企业档案塑造企业形象的作用

企业档案全面记录企业的历史，反映企业的成长。不管是企业员工还是社会公众，了解企业的发展历史之后都更有利于企业在这些群体中塑造优秀的企业形象，同时渗透企业的文化。企业利用企业档案能够开展企业形象策划，设计企业标志、策划企业理念等，对内能够促进企业员工的工作动力，对外能够在社会上树立企业形象，提高企业在社会和公众心目中的知名度。

企业档案对企业形象塑造的作用分别表现在企业档案对产品形象、营销服务形象和社会责任形象塑造这三方面。

第一，对产品形象塑造的作用。产品是企业形象的基础，服务是企业形象的根本。①在知识产权方面，企业的知识产权档案是企业维护自主知识产权的重要凭证，可以维护企业产品品牌形象。②运用产品档案提高产品形象。③产品档案为新产品的生产提供技术参考。④产品档案为产品创新服务。⑤运用历史档案塑造企业历史形象。

第二，对营销服务形象塑造的作用。①建立一个完整、全面的资料库，也就是企业客户档案，通过了解客户的产品需求种类、产品需求数量、对本企业的表扬和投诉情况，以往交流的时间、地点以及谈话记录等，全面地掌握客户的基本信息和消费习惯，更有针对性地为客户提供个性化贴心服务。②企业档案中包含丰富的产品档案、客户档案、科技档案等，为营销人员编写宣传手册提供了丰富的材料；同时，档案中对产品信息等详细的记载也为营销人员深入了解宣传内容提供了极大的帮助。③运用客户档案改善服务形象。④通过企业档案塑造社会信赖的营销形象。

第三，对社会责任形象塑造的作用。企业社会责任形象是指公众对于企业履行社会责任表现的综合评价和印象。①运用信用档案塑造企业良好的守法形象。②运用社会责任档案树立企业的社会责任形象。

（二）企业档案塑造企业形象的策略

1. 管理档案，重视形象塑造的需要

企业档案管理要与企业形象设计相结合，是指企业档案管理可以以企业视觉识别系统为主要依据，吸收企业理念识别系统和企业行为识别系统的关键因素作为上层指导。企业在企业馆藏档案的基础上开展企业形象设计，牢牢地把握企业精神和企业发展方向，依据企业在生产、经营、服务等各方面的实际，如此设计出来的企业形象不仅贴合企业实际，而且为企业节省了大量的人力资源和经济成本。

企业利用企业档案设计出企业标志、企业风格、企业之歌、品牌符号等，能够在社会大众之间广为传播，甚至能够成为企业经典得以流传，成功展示企业形象，得到社会的认可，提高社会知名度，对企业经营的促进作用也是非常明显的。

2. 充分发挥企业档案室（馆）的作用

企业档案室（馆）的出现，是近代科技生产和社会分工协作的产物。企业规模和档案数量也是企业档案室（馆）产生和形成的重要条件之一。在企业发展到一定规模的时候，企业档案室（馆）就应运而生。企业档案室（馆）的出现一定是以对内利用为主，企业档案室（馆）内收集的各类企业档案资源要最大限度地发挥作用投入企业经营、管理当中，为企业的各个部门提供利用服务。

（1）根据企业档案开发档案文化创意产品。加强企业档案室（馆）自身的建设，让企业档案室（馆）变成一个有能力独立运行的部门，可以将企业档案室（馆）本身变成一个盈利部门。盈利可以通过两种方式得以实现，其一是为社会公众的利用提供有偿服务，其二是可以通过开发企业档案文化创意产品来为档案室（馆）获取一定的经济利益。

企业将档案信息资源开发成文化创意产品，不仅仅能够为企业档案室（馆）获取一定的利益，同时这一行为本身也是一个企业形象宣传。企业开发档案文化创意产品，将档案中枯燥难解的产品研发档案等制作成小物件，将原本与社会大众有距离感的档案，通过创意产品这个载体，向大众提供了一个认同企业文化和企业精神的途径，让大众更加关注文化产品背后的档案价值。一定程度上，企业档案文化创意产品也是企业形象的具体化。

企业开发档案文化创意产品的同时，也要坚守企业档案所承载的信息和背后的故事，不能将文化创意产品的开发变为企业新产品的滥开发。那样做不仅会失去企业档案所蕴藏

的巨大价值，也会让社会大众对企业文化失去兴趣和信心，破坏企业在大众心目中的形象，造成不可挽救的影响。

（2）将企业档案室（馆）建设为企业形象宣传的窗口。在企业档案室（馆）做好对内服务和对外宣传工作的基础上，企业档案室（馆）要努力将本企业的企业档案室（馆）打造成为形象宣传的重要窗口，以现代化标准，对企业档案室（馆）进行升级改造，有条件的企业还能建设企业历史陈列馆，在参考档案的基础上尽量丰富展览的内容。同时，结合现代的高科技手段，采用立体化形态，使档案室（馆）不仅仅是企业的资料保管地，同时也是企业历史和文化的资料中心，是塑造企业形象、传播企业文化的重要窗口。

档案展览是一种将档案信息公布给社会大众的最直观的形式之一。档案本身所具有的原始记录性，让档案展览在社会公众中广受欢迎。企业档案展览也有着相似的功能，企业档案展览作为企业文化建设的重要组成，对内能够增强企业员工的自豪感和集体的凝聚力，对外则能够提高企业良好的社会形象。举办企业档案展览并不是一件非常容易的事。企业档案展览在办展原则的指导下，确定展览主题，拟定办展大纲，搜集、筛选展览的文字、图片、影片和实物。经过对展览场地的设计和布局，最终顺利开展。在这一系列的过程中，档案展览的主体——展品的数量和质量是决定整个展览成败的重要因素，而这些展品就取自企业馆藏档案。展品的质量也是办好档案展览的重要因素，要保证展品的质量，在源头上要保证企业档案自保存之日起，就做好有效的保护手段，防止档案遭受虫蛀、水浸、人为损坏等灾害；在展前准备工作中，应对待展出的重要档案做好保护措施，必要时对原件进行仿制，也可将多件档案编研成册，或将多段影像合并制作。

（3）加强档案室（馆）与其他部门的合作。

第一，企业档案的形成部门、主题内容、服务利用者等都涉及企业内部各个不同部门的工作内容和人员，在塑造企业形象的过程中，也不可能仅仅局限于档案部门自身。企业各个部门在为企业形象塑造努力的过程中，企业档案部门需要作为企业的档案信息中心为各部门提供最有说服力的证据，包括图片、文书材料以及声像材料等。

第二，企业档案室（馆）在企业的地位往往很不稳定，在企业遇到资金紧缺等企业危机的时候，企业档案室（馆）或者企业档案部门往往是最先面临裁撤危机的部门，为此，企业档案室（馆）或者企业档案部门应当尽可能地与企业其他部门联系，比如和企业宣传部门联系，为提升企业形象做好服务工作。

企业档案是企业形象宣传的前提和基础，企业档案部门与企业宣传部门应取得积极的合作，以宣传部门所要实现的目标为导向，开发好企业档案信息资源，为宣传企业形象共同做好服务工作。与企业宣传部门合作，利用好媒体开展企业档案的宣传工作。

企业宣传部门可以和企业档案部门共同协作，利用企业档案开展企业形象设计活动，就企业内部宣传而言，利用档案可以策划出一份优秀的产品视觉设计。就企业对外宣传而言，利用档案可以使企业的宣传报道更为真实，同时档案部门还能负责接待参观等，让档案部门在企业内发挥它的价值，巩固好本部门在企业的地位。

（4）通过开展企业档案编研工作宣传企业形象。企业档案编研工作具有真实性、多元性和潜在的创造性，能将大量展示企业历史文化的档案精髓汇集起来，为现实中的企业文化建设和企业形象塑造提供历史借鉴，能够在塑造企业形象方面起着历史文化宣传和现实历史教育的作用。

通过挖掘企业档案室（馆）藏资源编研和开发的各类企业大事记、企业年鉴、企业纪录片等，向社会公众展现企业历史的同时，也加深了大众对企业的认知，还能提升企业形象，扩大企业在社会大众中的影响力。

3. 充分运用信息技术塑造企业形象

（1）建立企业档案网站传播档案信息。企业网站是企业形象展示的窗口，而企业档案网站则能给用户提供一个更清晰、更亲近的平台，方便用户利用档案的同时，也让企业得到了宣传的效果。

在企业档案网站上，企业可以举办档案的在线展览，用户能通过这些展览感受到企业的文化氛围。企业档案网站还可以发挥在线服务利用的功能，在网站上向用户提供档案在线服务利用的指南，向网站游客介绍在线检索的方法，可以在档案网站上向用户提供档案信息的下载服务，对于无法在线提供的档案，也可以给游客提供在线预约的服务，方便游客与企业档案室（馆）预约时间，享受到馆服务。企业档案网站还能通过设置留言板或意见箱，搜集社会大众对档案利用需求的信息，为企业提供其宣传企业文化、塑造企业形象的方向指南。最后，企业档案网站的设立也为企业得以向社会收集企业档案资料提供了渠道，民间对企业的评价等都可以让用户通过该渠道汇集到本企业，进一步丰富企业档案。

对于企业档案网站的设置，可以是企业自身来创建，也可以联合企业之外的机构一起来创建。在企业档案网站慢慢成熟，吸引了大量的游客之后，企业还可以通过企业档案网站发起和用户的互动项目。

（2）以新媒体方式宣传企业形象。信息化背景下，档案宣传工作慢慢地由被动需要转为主动服务，很多企业更加懂得通过对用户的需求分析主动向用户提供信息服务。而企业形象的宣传也可以在信息化的大背景下，将企业档案通过信息化时代的新媒介更快、更优地传播给社会大众。除去企业网站宣传，企业还可以将企业档案通过其他新媒体进行宣传。这些新媒介平台包括微博、微信、博客、移动端等。

很多企业都在新浪微博平台建立了实名认证微博和微信公众号，微博和微信能够实现信息瞬间公开并快速传播的功能，微博的短小、精悍、生动、趣味，微信的详细图文发布以及小程序的开发，都为企业提供了向公众公布档案、宣传企业形象的多样化渠道。认证微博"支付宝"在微博账号上公布企业的最新动态、宣传资金管理的小知识、发布支付宝创始人的活动动态、展示支付宝的公益行动、介绍企业员工的工作动态，正是在这样一个信息化时代，让企业更容易接近社会大众。对于综合实力较强的企业，企业还能自己开发企业 App 来和用户进行交流。

企业开展公开的宣传活动。就是公司积极主动地接近、熟悉各种媒体的记者，并在企业内部发掘出记者感兴趣的信息材料，然后请记者到企业采访。这样，记者可以获得他们感兴趣的资料，写出文章、报道，或制作成录音录像带等，在媒体上发表，从而可以使企业在社会公众中留下好的印象。

第三节　高校档案管理工作

一、学生档案管理工作

学生类档案中应包含的材料内容，主要有学生的高中档案、入学登记表、体检表、学籍档案、奖惩记录、党团组织档案、毕业生登记表等。学生档案管理指对学生档案的收集、整理、保管、鉴定、归档、宣传、利用、转递等一切与学生档案有关的工作。学生档案管理工作的特点包括：①学生档案管理工作量大，时间集中；②学生档案管理具有服务性；③学生档案管理工作涉及部门广泛。

（一）学生档案管理对学生的作用

学生档案记录了学生在校期间的学习情况、健康情况、奖励情况、家庭情况、社会实践情况等内容，是每一位学生在大学期间参与和从事的学术活动与社会活动的证明，是一个学生学习能力、工作能力、实践能力的综合反映。

作为学生进入社会之前形成的原始档案，学生档案对一个学生未来的工作、升学、出国、从政以及进入工作单位后的薪资待遇和职称评定都有着重要的参考价值，是学生事业上的"身份证"。此外，除了工作，许多人生大事也需要用到档案，例如办理社保、领取养老金、结婚生育等手续和相关证明的办理，没有档案就无法办理各类相关证明。因此科学合理地管理学生档案对学生有着重要的意义。

（二）学生档案管理工作的提升策略

1. 提高档案意识，加强顶层设计

（1）将学生档案工作纳入学校整体发展规划。

各高校应将学生档案管理工作纳入学校整体发展规划当中，进一步完善校长领导制，使学生档案管理得到全体师生的高度重视。

从学校层面上加强学生档案管理建设，要增加对其的经费投入。学校应将学生档案管理所需经费纳入其整体预算中，加大对库房设施、管理软件和管理人员培训费用的支出，高标准严要求地对学生档案进行管理。同时，将学生档案管理工作纳入学校工作考核体系，并建立相应的绩效考核标准，制定奖励措施，以提高档案管理人员工作动力，激发其工作热情。此外，由于学生档案内容牵涉部门众多，学校还须明确各相关部门职责，避免责任分割不清，出现责任推诿等问题。学生档案记录着毕业生的多方面情况，反映了学生综合素质的高低，可看作一所学校的招牌与门面，学校更应加强重视，为学生提供便利的同时，也可提升外界对学校的整体评价。

（2）加强组织保障。

第一，从学校层面规范学生档案管理流程。高校档案管理部门应制定学生档案管理工作流程制度，并严格按照流程管理学生档案。从学生入学接收档案，至毕业生离校档案转递，学校应保证在校管理期间的流程规范。首先学生入学，管理部门须进行学生档案的收集和整理，要明确学生档案收集、整理、归档的时间和程序，随后进入库房进行保管，定期更新学生档案材料。做好学生档案宣传利用服务，明确学生毕业时档案转递工作的程序，及时高效地进行学生档案转递。

第二，学校设立统一部门管理学生档案。学校应建立专门的管理机构，来负责学生档案的管理工作。对于建有档案室（馆）的高校，学生档案可集中归于档案室（馆）管理，在档案室（馆）设立学生档案管理部门，分派专门人手负责，制定相关岗位责任。对于没有档案室（馆）的学校，可成立相应的学生档案管理机构，例如学生档案管理中心等。组织专门人员对学生档案进行统一管理。按照学校相关制度统一时间收集整理，并及时对档案进行更新，培训管理人员使用信息化管理软件，提高工作效率，满足师生和各用人单位的需求。

第三，各相关部门加强合作管理学生档案。学生档案的内容丰富，包括学生的学习情况、实践情况、身体情况等多方面信息，因此涉及的部门较为广泛，如果相关部门之间不能很好地协作，便无法达到理想的管理效果。领导层应根据实际情况，对各相关部门的责

任进行明确划分，例如辅导员等负责学生生活学习的老师，应向档案管理部门提供学生日常表现情况、学年鉴定情况，社会实践情况等；教务处等职能部门应提供学生的学生成绩、荣誉奖励、惩罚处分情况等；而校医院与心理咨询室应提供学生的身心健康情况。最后由档案管理部门进行汇总，全方面了解学生特点。只有各部门加强合作，才能更好地管理学生档案。

（3）加强环境保障。

第一，优化学生档案管理环境。

优化保管环境，维护档案的完整与安全是档案工作的基本要求，学校须选择合适的库房进行学生档案保管，掌握和控制好库房的温湿度，并制定保管制度。

优化人文环境，提高领导及师生对学生档案的重视程度，是学生档案管理工作顺利进行的前提和保障，学校应加强现有管理人员培训，提高档案管理软实力，优化发展环境。已经延续多年的手工管理方式笨拙且烦琐，学校应及时引进先进的档案管理软件，吸纳新知识，采用新技术，提高学生档案管理工作效率。

第二，加强基础设施建设。学校应建立标准化的档案室（馆），根据学校现有学生档案的数量，建立满足未来十至二十年内学生档案存放面积的档案室（馆），由于学生在择业期内学校有为其保留档案的义务，足够的面积可避免因特殊情况导致学生档案无处存放；将档案库房、调阅室、整理室、办公室分开，以便管理和查询；为档案室（馆）配备"八防"设施，即防盗、防光、防高温、防火、防潮、防尘、防鼠、防虫等，避免学生档案被破坏而难以修复；采购足够的密集架、档案箱柜等装具用于档案保管。

（4）加强人才保障。

第一，引进档案管理专业人才。任何行业的发展都离不开专业的人才，档案管理工作也一样。高校应引进专业化的档案人才，对学生档案进行专业管理，以达到发挥其价值的目的。

引进高层次档案专业人才，制定相关人才引进政策。在全国范围内引进档案管理专业化人才，吸引专业人才来校对学生档案管理工作进行指导，以规范学生档案管理。

第二，加强学生档案管理人员业务培训。加强对学生档案管理人员的业务培训，提高档案管理人员的综合业务水平。在培训中不断地进行学习，注意理论与实践的结合，对于现有的档案管理人员，学校可定期对其开展培训，学习档案管理最新的行业知识，加强档案管理技能，提高业务能力。高校之间资源共享，聘请经验丰富的档案管理工作者，联合举办定期宣传讲座。

2. 加强学生档案管理信息化建设

（1）加强信息化基础设施建设。要加快学生档案信息化的发展，加强其基础设施建设是前提条件。首先，实现信息化的第一步，学校应投入资金购买学生档案管理系统，增强硬件设施。其次，对于软件的使用学校还应投入资金增加对现有管理人员的培训，使其更好地了解和使用档案管理系统。投入使用后，仍需后续资金进行系统日常的维护。因此，要加强学生档案信息化建设，需要学校给予足够的重视并增加经费投入，将其纳入学校预算，建立档案信息化专项经费。

同时向归档部门和利用者宣传，使其也能够充分利用管理系统进行归档、查询、转递等工作。加强学生档案信息化基础设施建设，通过学生档案管理系统的使用，更加高效地管理学生档案。并建立相应学生档案的工作体系，组成分管校长为领导，相关科室负责人为成员的学生档案信息化建设领导小组，负责学生档案信息化建设的组织协调工作，单位其他相关部门应从自身工作职责出发，按照本校学生档案信息化建设的总体要求，做好自身的信息生成、传播和利用工作，使信息化工作融入学生档案的各个环节。

（2）提高学生档案信息化利用率。目前市场上的学生档案管理软件较为多样，其基本功能主要有学生信息的录入编辑，学生成绩统计查询、学生资料导入管理等。可以用来收集、管理、查询学生信息和学生的各种记录等，简单高效且方便快捷。但目前各高校对学生档案管理系统的利用率较低，学校应根据自身实际情况和需求选取市面上合适的档案管理软件，并投入资金进行定期维护。首先，建立规范的学生档案信息录入制度，对于学生的基本信息，如姓名、性别、民族、院系、专业等应仔细核实，确保真实准确，一经录入，只可查询，不可变更。其次，学生的各类证书，如英语等级证书、计算机等级证书、荣誉奖励证书等也应一并录入，既能保证信息的真实准确性，也可有效避免学生证书造假现象的发生，为学生就业提供更公平的环境。学校还应健全学生档案信息查阅制度，学生或用人单位进行学生档案查询时，须遵守学校相关规定，不得随意复制或变更。进行毕业生档案转递时，也应有效利用档案信息系统，录入档案转递地址，并为学生提供查询单号等。

（3）完善保密制度，注意保护档案信息安全。在实现学生档案管理信息化的同时，也需要完善学生档案信息保管和保密制度。学生档案是每个学生个人信息的载体，若使用传统的纯手工管理方式，档案信息传播途径较少、速度较慢，因此安全性相对较高。但在进行信息化管理的过程中，由于需要使用信息技术，将学生信息录入系统，通过互联网管理，学生信息进入网络环境中，使学生档案的安全性和保密性存在一定的风险。因此，高校在推进学生档案信息化进程的过程中，也需要完善保密制度，防止档案信息泄露。

3. 提高学生档案管理工作主动性

（1）主动收集学生档案材料。

第一，学生档案材料收集的途径与方式。在学生档案的管理工作上，高校应结合目前的就业形势，立足长远，在学生在校时主动收集学生档案材料。学生入学时，主动收集学生档案所需材料，并核实后保存；学生在校期间，学生档案管理人员应定期与辅导员等负责学生管理的人员进行沟通，或与学生主动沟通和联系，收集学生在校期间形成的档案材料，例如奖惩材料、实践证明、荣誉证书等，及时准确地收集学生在生活实践、心理健康等多方面的信息和材料，并及时归档；学生毕业时，档案部门还应主动收集学生的毕业材料，如优秀毕业生登记表、报到证等，并与学生进行确认，是否有材料缺失或漏装错装的现象。让学生参与自己的档案管理监督工作，使学生档案的内容科学全面，逐步走向规范化。

第二，学生档案材料收集内容。学生档案材料应收集的内容主要包括：①学历材料。②自传与考核材料，如入学期间所写自传、学年考核表等。③奖惩材料，主要包括优秀学生登记表、优秀毕业生登记表、奖学金登记表、参加各类比赛的获奖材料，以及受处分、解除处分相关材料。④党团材料，如入团志愿书、入党申请书、转正申请书等。⑤政审材料，如攻读硕士研究生政审表、攻读博士研究生政审表、入党政审材料等。⑥可供社会或学校录用人才时参考的材料，如就业报到证、体检表等。⑦有工作经历的个人人事档案材料。

（2）学生档案管理部门加强主动宣传工作。

第一，完善学生档案宣传体系。

学生档案工作可通过展览、讲座、新媒体等多种方式宣传，宣传方式多样，要完善学生档案宣传管理体系，首先应加强每种宣传途径的应用，发挥出其最大功能。例如，通过传统的讲座、展览等方式进行宣传时，应保证出席或参观人数的数量，使学生真切了解到所要宣传的内容，可适当地增加其趣味性；通过微信、微博、短视频等新媒体手段进行宣传时，应确保其宣传内容的阅览量等，不做无效的宣传。

第二，建立健全学生档案反馈制度。

建立学生档案利用登记制度。利用登记是指当学生或其他用户需要利用学生档案时，到档案室（馆）接受档案利用服务前，按规定办理登记手续，出具证明，填写信息等环节。登记表中至少应包含查档日期、利用人基本情况、查档事由、所需服务等信息。此登记表可放在学校网站上以供查档前下载填写，提高工作效率。

建立学生档案用户反馈制度，包含对用户档案利用服务的反馈和档案宣传效果的反馈两方面。首先，学校可根据实际情况，在校内合适场所设置意见箱，让学生档案用户可以随时以不记名的方式向档案管理部门提供意见和建议，以减轻其心理负担，可表达出真实想法。工作人员要定期查收，以便及时了解自身的不足，及时改进与完善。其次，档案管理部门还可制作调查问卷定期发放回收，统计学生反馈的信息，对利用服务情况和档案宣传效果及时了解。最后，学校可利用网络平台，收集反馈信息。可在档案网页设置留言页面，及时了解档案用户的需求，根据反馈结果不断改进。

（3）加强主动服务意识。

第一，明确服务对象，创新服务方式。

明确服务对象，档案管理工作的服务对象主要为本校师生以及各用人单位。对在校学生，可以年级、专业等进行区分，根据不同专业的学科特点，结合学生自身特点，建立能够体现学生优势的档案材料，建立不同领域的就业服务，加强学生档案建设。对已毕业的学生可建立档案跟踪服务，档案管理人员要树立档案跟踪服务意识，对学生毕业后的工作情况进行跟踪记录。通过对学生毕业后工作情况的跟踪，了解不同学生在工作方面的能力和特点，并与在校期间的学生档案记录相结合，从能力、性格、专业、学历等多方面提高对学生的全面了解，总结出不同类型学生所适合的工作方向。同时与社会企事业单位达成合作，了解社会对人才市场的需求，从而及时调整学生的就业指导，为学生的就业和职业生涯发展提供可行的帮助，培养出更多满足社会工作需要的学生。

对于用人单位，学校应先对其资质和以往的用人情况进行了解和审核，为学生把好就业第一关。对于通过审核的用人单位，学校应主动为其提供所需的学生档案材料，使用人单位可全面充分地了解毕业生的能力与特点，并根据岗位需求，选择合适的人选进入工作岗位。在提高用人单位岗位匹配度的同时，也为学生提供了更合适的工作机会，可充分发挥学生档案的价值。

学校还应做好保障措施，严格监控管理，为学生和用人单位提供充分的保障。为学生过滤掉虚假企业信息，为企业保证学生档案材料的真实可靠性。

第二，分析服务需求，反馈服务效果。

分析服务需求，即分析学生档案的利用需求，并根据不同的需求来调整学生档案管理工作。档案管理部门可根据学生具体需求，在集中的求职期间为学生准备好相关材料，并主动向学生发放，为每一位学生的求职之路保驾护航，贡献档案管理部门的微薄之力。并建立服务反馈体系，实时了解其采用的管理措施是否对学生起到了帮助作用，根据反馈结果不断总结和改进，调整学生档案管理工作。

为毕业生就业和学生的职业生涯发展服务是学生档案管理工作的一个重要职责，学校档案管理部门需要加强自身的主动服务意识，创新学生档案管理模式，强化就业服务功能。

二、教师档案管理工作

教师职业发展档案的管理，主要着眼于透过教师对教学档案的计划和创造的过程，有系统地引导教师自我反省，产生专业成长的动机和意愿，逐渐淬炼出专业的教学判断和行为。

（一）教学档案的建立与省思

教学档案的主体是教师，教学档案系教师自主发起的行动，其根源在于教师专业成长的需求。一个良好的教学档案，会依据其目的进行结构化的安排，此一结构呈现许多特性，教学档案的特性可归纳为五点：明确的目的、完整的脉络、反省的历程、合作的对话、多样化的内容。

1. 教师教学档案的建立

（1）确立教学档案的目的，亦即教师需要先行厘清为何要建立发展档案，因为目的不同，有可能影响教学档案所搜集的内容。

（2）发展档案的结构，教学档案应有结构性，以便引导教师进行资料搜集，避免流于庞杂，失去档案的目的与焦点，同时便于分析与统整；但是档案的内容则可以由教师自己决定，在档案的结构下，搜集具有代表性的教学资料。

（3）选择档案内容，依据档案的结构，有目的地选择档案的内容，这些内容必须能呈现教学的脉络与反省的过程。

（4）进行深度的反省，所谓深度的反省系指深入探究档案的内容，检视其中所浮现的意义，并且不断把这些意义与教学情境联结，发现自己教学的特性或是优劣。重要的是，这些记载反省过程的资料，也应该成为教学档案中重要的内容。

（5）不断与同事进行专业对话，档案发展的历程，需要借由同事的观点来检视自己的做法，因此档案内容成为同事专业对话最好的基础，在这个基础上，可以共同发现更好的教学策略与方法。

（6）修正与应用，在档案发展的历程中，经过反省与对话所形成的新观点或做法，必须进行自我的修正与反思，然后回到教学现场加以验证。

2. 教师教学档案中的教学省思

省思是一种后设认知，是行动者对本身行为及想法的监控与理解，它能帮助个人掌握问题，开启自我成长动力。具备省思能力的教师，能以外在环境的反应为基础，进而判断并理解本身的教学表现，也就是说，在累积教学经验的同时，亦能赋予这些经验意义，使教学成为有目标的学习过程，让自己成为终身学习的实践者。因此，培养教师教学省思能力，有助于教师增进专业知识，并且鼓励教师终身学习，使师生同受其利。

教学省既能有效促进教师发展，因此尽管面临上述问题，但仍可透过各方努力加以突破。具体而言，要促进教师教学省思，可采取以下三种方法：

（1）建立有利省思的学校和教师文化。有利省思的学校文化是"就事论事"的文化，是"互相支持"的文化，是"注重专业"的文化，是"重实轻虚"的文化。有志于营造这种文化的行政人员或教师，必须体会气氛的塑造或文化的建立，是一项长期的工作，因此必须有耐心，同时它也不是一件容易的事，因此要培养所需能力和技巧。

学校文化的建立过程起头难，一旦方向正确，则会愈来愈轻松，最后形成风气，则省思和专业成长水到渠成。倡导者只要提供所需支持和协助，等到教师的能力逐步养成之后，倡导者有时甚至成为被支持协助的对象。一所学校的文化主要便是该校的教师文化，有了健康的学校文化，自然有利于省思的教师文化。

（2）克服时空限制，鼓励专业对话。沟通是促进教学省思的重要方法，它可以刺激思考，进而串联对话的重点问题，因此专业的对话是了解问题与解决问题的有效途径。教师可以在学校先将想到的事情速记下来，等回家或其他有空闲的时间，再舒缓地、充分地加以思考。不过在鼓励专业对话之外，校内也应有适当的教学领导人员，协助教师培养专业对话的能力，包括沟通方式、对话方向及内容、成果的展现等，以免专业对话变为空谈，那又将是对教学专业的伤害。

（3）协助教师建立省思的能力和习惯。省思是一种习惯，但它也是能力的展现，有省思习惯的教师具有较佳的省思能力；而较有省思能力的教师，也倾向于喜欢省思。

省思日志鼓励教师针对教学计划与教学结果加以比较对照，搜集实际的具体证据，对教学加以省思评判。教师专业档案的内容大致上可分为对本身教育理念及环境的认识、课程设计、班级经营、教学观察、学习评量以及对于职业发展的整体看法。这样的教学档案鼓励教师自我反省、总结、评量，使教师逐渐成长发展、自我发现、重新组织，可以使教师对于教学有更深刻的认知。

行动研究是一种思想与行动相互为用的研究方法，教师是行动研究的主体，它以问题解决为导向，以共同合作为方法，以不断验证为行动研究的目的。教师在研究过程中，透过研究、规划、实践、评鉴、反省、修正等过程，有系统地观察与省思教育实践。

教学者自我评鉴与同事教学观察，则可促进自我了解与专业对话，使教师更清楚认知教学的优、缺点，进而探究其原因。

（二）教师职业成长档案

教师成长档案是在教师角色重新认同、课程发展以及学校管理转型等大背景下出现的新事物，对教师专业发展具有重要的促进价值。

1. 教师成长档案的现实意义

教师成长档案是在教师角色的重新发现、课程的发展以及学校管理的转型等大的背景下出现的新事物，因此，在实践上也具有现实而深远的意义。

（1）捕捉实践智慧。教师的实践智慧是教师能力组成部分的核心。教师成长公式可以表示为：经验+反思＝成长。教师成长档案的建设就是要致力于促进教师的默会知识、实践智慧的显性化。让教师把懂的内容做出来，把做的内容说出来，把说的内容写出来，把所思所想、所作所为公开，在交流与分享中一起成熟和成长。

对于教师的实践智慧的挖掘，欧美国家积累了许多有借鉴价值的策略：教学日志、成长史分析、行动研究、传记研究、叙事研究、课堂观察、教师专业发展的分层评价。透过这些丰富的信息和线索，研究者可以比较容易地发现教师专业成长的规律和实践智慧的来源。

（2）实现多元评价。教师成长档案用于评价具有划时代的意义，它使教师第一次成为评价的主人，教师成长档案让发展成为最激动人心的追求。因为利用教师成长档案进行的评价是发展性评价。发展性教师评价，在评价方向上立足现在，兼顾过去，面向未来，不仅注重教师的现实表现，更加重视教师的未来发展，重在促使教师自身的"成长"。

（3）诊断教学问题。诊断教学主要包括四方面的内容：①个人职业生涯规划以及对专业教学标准和学校发展目标的理解；②教师工作的范例；③教师反思的记录；④合作对话中得到的经验。

在如何加快教师的专业化发展和如何提高专业指导作用等问题越来越受到关注的背景下，教师成长档案以其翔实、生动和原生态的信息优势架起了指导者与被指导者之间、教师同伴之间沟通的桥梁和平台。

（4）形成教学风格。教师教学的情境性、实践性、艺术化和个性化都非常强，教师的实践智慧就蕴藏在教学风格之中。因此，教师需要有意识地去发现和持续培养自己的教学风格。

在教师成长档案的建设过程中，教师需要主动地使自己潜意识状态的教育教学理念清晰化、系统化，需要有意识地把自己有代表性的作品（比如教案、课件、反思日记、论文等）汇集在一起。不断经历这样的过程，自己的教学风格就越来越鲜明和突出。许多名师大家都是在反思和总结中逐渐清晰地形成自己的教学风格的，同时他们在创造自己的教学风格过程中不断升华着自己的教育教学思想。

2. 教师职业成长档案的制作流程

教师成长档案中相关内容的维度、目标和标准是一个广泛的社会协商过程。教师成长档案没有固定的模式，其本身就是学校和教师个性的张扬。教师成长档案的制作是一个动态的、不断完善的过程，所以教师成长档案永远没有最好，只有更好。

（1）确定制作目的。教师成长档案的制作可能会是出于许多方面的目的，归纳起来大致可以包括：①档案化管理。全面记录教师职业生活方方面面的动态信息，便于学校的全面质量管理。②发展性评价。基于教师职业生活翔实丰富的信息，学校发现并帮助教师认识到自己的短处和不足，并使之成为教师进一步专业发展的空间。③学习方式。通过档案的建设培养教师反思性实践的习惯，并让反思成为教师的学习型职业习惯。④问题诊断。利用教师成长档案中有关教学设计和教学反思以及教学的实录等信息，诊断教师在教学中存在的问题和困难，以帮助教师及时调整和改善教学过程。⑤展示进步。以教师成长档案的形式，展示教师优秀的教案设计、精彩的课堂镜头、富有思想深度的反思以及教育教学荣誉和成就，并以此反映教师教育教学的成就和进步，同时达到激励教师进一步发展的功能。

（2）确定可能涵盖的内容板块。教师成长档案涉及的板块必须能够全面反映教师的职业社会，必须充分适应教师专业发展过程中扮演的各种主要角色。反过来，这些不同角色信息的整合就可以全面反映教师的专业发展状况。教师在职业生活中扮演的主要角色可以总结为：教学者、学习者、研究者、管理者和指导者。因此，教师成长档案可能涵盖的内容板块也相应地包括这五方面的信息：①教学（教师作为教学者的角色）；②学习（教师作为学习者的角色）；③研究（教师作为研究者的角色）；④管理（教师作为管理者的角色）；⑤指导（教师作为指导者的角色）。

（3）确定可以表现内容的作品。教师在职业生活中扮演的每一种角色都有比较具体的、可以代表这种角色业绩的作品。以下分角色进行可以展示的作品列举：

第一，教学。作品可以包括：①自我推荐的教案设计；②精彩课堂的音像资料；③富有一定思想深度的教学反思等。

第二，学习。作品可以包括：①参与的进修或培训活动；②正在或已经阅读的书目；③从同伴或管理者或专家那里获得的经验；④故事与叙事；⑤其他的学习机会与收获；⑥随笔与杂记等。

第三，研究。作品可以包括：①发现并研究的教学问题及过程；②参与或申请的课题及成果；③发表的论文或著作（包括章节）及摘要；④课堂观察记录；⑤个人的教育教学理论等。

第四，管理。作品可以包括：①对班级的管理：班主任工作计划、班主任工作小结；②对教研组的管理：教研组组长的工作计划、教研专题的设计、教研组长的工作小结；③对学校其他部门的管理：校长、教务主任等其他不同角色的学校管理者工作计划与小结等。

第五，指导。作品可以包括：①教师对学生生活、升学或就业等方面的指导、计划与小结；②优秀教师对普通教师的业务指导、计划与小结。

（4）确定内容板块下呈现作品的格式。每一个内容板块里作品呈现的格式大致可以分为规范化的格式和个性化的格式两种。规范化的格式有自身的规范与要求，不是随意的添加和录入。个性化的格式是因人因校而异，尽显个性风采。

第一，规范化的格式。规范化的格式包括这样四个组成要素：维度、目标、标准和作品。维度表示对内容反映的视角；目标表示反映的内容本身需要达成的目标；标准表示在既定的目标下，可以体现目标达成度的尺度；作品则是符合标准的证据与材料。

第二，个性化的格式。个性化的呈现格式尽显个人与学校的风采，不一而足。可能的格式可以略举一二：①经历的精彩剪辑。例如，以时间为序依次呈现工作过程中的精彩与成就。②研究的主题线索。例如，把一个个研究的主题与进程中相关的工作和成果相串联。③平凡的岁月传记。例如，把每一个学期的常规工作串联起来成为岁月的记录。

（5）征集反馈信息，修改教师成长档案。在教师成长档案的结构初步确定之后，就应当先运作实行起来，在实践中积累经验，发现问题，不断听取来自教师、教育管理者、学生家长以及社会其他行业人士的声音和建议。

根据各方面的建议修改和完善档案的设计，不断使教师真实的成长历程和点滴的进步得到最优化的体现。

3. 对教师职业发展的促进作用

（1）建立教师专业发展档案，让教师享受到职业幸福感。教师的幸福有着丰富的内容，其中工作的胜任感、喜人的成就感是其核心。教师专业发展档案因为积累着教师点点滴滴、方方面面的进步，从而使教师能够看到自己的发展乃至成功，体会到自己工作的意义和价值，领悟心灵的感动，获得职业幸福感。

（2）教师本人是档案的主人，有助于教师专业化的反思成长。教师发展档案是教师专业成长的记录袋，教师发展档案像一面镜子，更多的时候是对"自我"的一种真实反映。教师发展档案的建设过程其实就是一个反思学习、表现学习的过程，换言之，教师发展档案的建设就是要培养教师善于反思、勤于发现、乐于分享的学习习惯，它是教师反思的"引擎"。

（3）教师发展档案是一种实质性文档，学校能够为教师的专业化发展提供帮助。教师发展档案是所有教师诸多成就的记录，学校领导可以全面了解教师队伍建设的现状，了解本校教师队伍建设的优势与不足，了解教师在教育教学中产生的经验。但是，由于档案开发的主人是教师本人，教师个人之间的认识、文化等方面存在差异性，如果对档案的认识不够成熟，教师在建立发展档案时就会有困惑。因此，学校和教育管理部门应在建档案之前对教师进行培训和指导，提供档案开发的指南，引导教师挑选存档的资料。这样，教师发展档案的使用才能够为学校的进一步发展和决策提供依据，能够为教师的个体专业化成长提供帮助。

（4）教师发展档案有助于形成自己的教学风格，彰显教学特点。教学是一个情境性和实践性、艺术化和个性化都非常强的职业，在教师发展档案的建设过程中，教师有意识地把自己有代表性的作品汇集在一起，主动地使自己潜意识状态的教育教学理念清晰化、系统化，不断演绎出教学的精彩，不断经历这样的过程，自己的教学风格就越来越鲜明和突出，同时在创造自己的教学风格过程中不断升华自己的教育教学思想，彰显教学的艺术性。

总之，教师职业发展档案有助于记录办学沿革，彰显办学理念。高校在办学理念确立后，必须通过建立和完善管理模式，通过学校的发展规划、工作制度、管理制度等协同落实。这些规划、制度的形成和落实过程都可以通过档案信息保存、展示。通过深入挖掘教师职业发展档案，展示学校教学科研成果、科技开发成果、国内外学术交流活动，以及知名校友等资料，可以让社会更好地了解学校的办学成果，扩大社会影响，促进学校发展，彰显办学的社会效益。

第五章 档案管理的维护工作

第一节 档案有害生物的防治

一、档案害虫的防治

档案害虫是档案保存过程中面临的重要威胁之一，近年来，随着档案害虫治理技术应用研究的深入，其研究范围不仅仅局限于档案害虫对档案载体、字迹造成的威胁，还进一步让人们认识到档案害虫本身及传统防治方法可能对人体健康造成的危害。因此，为了达到既能及时、有效控制害虫的危害，又兼顾保护档案工作人员的身体健康的目的，需要重新认识和把握档案害虫综合防治理念。

（一）档案的基本防虫措施

1. 库房建筑的要求

新建或改扩建档案室（馆）时，应按照相关规定进行，并做到以下几点：

（1）档案室（馆）选址，应远离池塘低洼地带，防止害虫滋生；远离粮库、医院、住宅区等，防止害虫传播；有白蚁地区，应做地基防蚁处理。

（2）库房地基应采用钢筋水泥或石质结构。

（3）门窗密闭性能良好。

2. 档案入库消毒

新建或改扩建的档案库房、新进档案柜架等装具、新接收进馆档案、在虫霉活动频繁期调出库超过 24h 的档案等，在档案入库前应进行消毒。

（1）空库及档案装具消毒。

第一，拟除虫菊酯消毒。将拟除虫菊酯药液对空库的四壁、档案装具（金属装具除外）等进行喷雾。药剂的剂量及密闭时间参见其使用说明书。

第二，紫外线灭菌灯消毒。紫外线灭菌灯安装数量应根据房间面积大小与空气污染程度而定，照射过程中，工作人员禁止入室。

（2）洁尔灭、新洁尔灭杀菌。

（3）新进馆档案消毒。建立健全新进馆档案消毒制度。新进馆档案经仔细检查后，区别不同情况，采取物理或化学杀虫、灭菌的方法进行消毒。档案入库前，对消毒效果进行检查。档案室（馆）的档案消毒设施，应按照相关规定进行。

3. 改善档案保护条件，防止害虫发生

（1）入库前检查是否有虫害迹象。接收档案入库时应进行检查，发现有虫害迹象，要进行杀虫处理后方可入库。

（2）控制调节温湿度。档案害虫生长繁殖的最适温度为 22～32℃，最适湿度在 70% 以上。如果把库房温度控制在 20℃ 以下，把库房湿度控制在 65% 以下，档案一般不会生虫。例如，上海市档案室（馆）由于把库房湿度控制在 65% 以下，再加上其他管理措施，库房虽多年不放药也未发生虫害。

（3）搞好库房的清洁卫生，不堆放杂物，以免害虫滋生。档案害虫对生活环境的要求是潮湿、温暖、肮脏，喜欢在洞孔、缝隙、角落及阴暗处栖息活动。清洁卫生是造成对害虫生长发育不利的环境条件，是阻碍害虫的发生或发生以后因不适应环境而渐趋死亡的一种限制性措施。

档案库内要经常保持四壁、天花板、地面和柜架清洁，无洞穴、缝隙，对库内阴暗、潮湿角落，应注意清洁消毒，以防害虫滋生。

在库内不应堆放任何杂物，也不应带进可食物品。待处理或待销毁的案卷要保存好，不要随意堆放，由于长时间无人过问，易生虫而感染其他档案。

书籍资料要妥善保管，因为书背使用糨糊、胶水，装订密实，害虫也常常以此发生，引起蔓延。

（4）定期检查，破坏档案害虫的生态环境。档案进入库房之后，除了整理、利用以外，通常都处于静止状态。如果没有什么特殊原因，往往放在那里很少移动。在这种相对稳定的环境中，将有利于害虫的生长繁殖，有可能造成害虫的大量发生和为害。如果定期检查，翻动案卷，就可以破坏档案害虫稳定的生态环境，使其处于不利的条件下，生长发育受到限制，甚至死亡。

（二）档案的杀虫方法

1. 化学杀虫法

化学杀虫法就是把杀虫药剂直接接触害虫的躯体或害虫的食物、栖息场所等，然后通过害虫取食、活动或其他接触方式，使药剂进入虫体，造成害虫生理、生化上的变化（破坏生理代谢过程，如呼吸、神经传导等），导致害虫中毒死亡。这种方法既能歼灭大量害虫，又能预防害虫的传播，有防与治的作用。

（1）用化学药剂防治害虫的优点：①杀虫效果比较彻底，对任何一种害虫及其任何发育阶段，都能把它们消灭；②杀虫作用迅速，在短时间内能歼灭大量的害虫；③相对来说处理费用较低，省工省力。

（2）杀虫药剂种类很多，按其侵入虫体的途径进行分类可分为三类：第一类，胃毒剂。通过害虫的口器进入消化道后引起中毒死亡的杀虫剂，如砷素剂、氟素剂等。第二类，触杀剂（接触剂）。通过害虫表皮进入虫体，引起中毒死亡的杀虫剂，如666、敌百虫等。第三类，熏蒸剂。利用易于挥发的药剂的蒸气，通过害虫的呼吸系统或由体壁的膜质进入虫体引起中毒死亡的杀虫剂，如溴甲烷、磷化氢等。由于档案害虫大多是藏在案卷内蛀食档案，因此只有熏蒸剂才适于毒杀档案害虫。

影响熏蒸毒效的因素包括：①熏蒸剂的理化性质与毒效的关系；②环境条件与熏蒸毒效的关系；③不同的虫种、虫态和生理状态与熏蒸毒效的关系。

2. 物理杀虫法

（1）高温或低温杀虫。为促使害虫在较短的时间内死亡，必须造成害虫所不能忍受的致死高温或致死低温，才能彻底杀灭害虫。在通常的情况下，高温的杀虫效果好，作用时间短的低温致死过程比较复杂，这与低温的寒冷程度有关，也与低温的作用时间有关。

（2）射线辐照杀虫。射线能摧毁有机体细胞，能杀灭档案害虫。

（三）档案害虫的综合防治

档案害虫的综合防治是以生态学原理和经济学原则为依据，采取最优化的技术组配方案，使档案害虫不能对档案造成危害，以获得最佳的生态效益、社会效益和经济效益。

档案害虫综合防治绝不是各种杀虫方法的简单叠加，而是为达到最佳的防治效果结合不同档案库房的实际情况采取最佳防治手段的综合。结合档案害虫防治的三个环节——消除害虫虫源，切断档案害虫在进入库房和传播的途径，采用档案害虫不宜生长繁殖的档案载体和档案装具以及对易生虫的档案载体进行专门保护。综合防治立足于"防"。

第一，利用虫情监测板、诱捕器对档案害虫进入档案库房的途径、路线、害虫种类和数量进行监测和虫情评估。根据评估的虫情评估结果决定采取的杀虫方法。

第二，严格入库档案的管理。对准备接收的档案要注意在档案形成部门和入馆前档案的保管保存条件。

第三，加强档案库房的管理。通过改善档案库房的环境条件和提高管理水平。改善档案库房的围护结构，尤其是密闭条件。

第四，加强馆藏的档案清洁。可以改变档案害虫的栖息和繁殖所需的环境条件，降低档案害虫卵的孵化率和蛹的羽化率来达到预防害虫的目的。

（四）档案害虫防治的发展趋势

随着档案事业的发展升级和众多新型档案室（馆）建成并投入使用，档案保管条件得到了极大的改善，档案害虫防治从技术到理念也应随之发展变化。

1. 引入绿色环保理念

在强调节约资源的同时，特别提到保护环境和减少污染，这是新时代档案库房管理应秉承的生态文明建设理念。档案害虫防治应该坚持绿色环保的理念，在保证档案安全的基础上，减少或停止化学品的使用。

档案害虫防治要考虑所采用的方法是否有利于档案保管保存，是否会对档案工作人员的身体健康产生不利影响，是否会对档案室（馆）环境产生影响。在这个过程中要减少能够释放挥发性物质的化学品使用。有些含有不明成分的防虫剂，无法评估其产生的影响。

2. 研究领域进一步扩大

随着社会的发展，档案工作人员越来越关注昆虫与人类的关系。档案害虫的研究对象不再局限于单纯的危害档案及装具的昆虫，也开始关注档案室（馆）发现的其他昆虫。如，卫生害虫等与档案工作人员身体健康相关的昆虫。有些昆虫虽然不属于档案害虫，但是在档案库房内发现，在一定程度上说明库房密闭存在缺陷，为档案害虫进入库房提供可能，另外如何判断这些昆虫对档案的危险性，也需要开展进一步的研究。

3. 防治方法精准化

科技发展和社会进步越来越需要档案害虫防治方法的精准化。当在档案室（馆）发现昆虫时，首先要评估这种昆虫是否属于档案害虫，这就需要对害虫种类进行鉴定，对虫态和发育阶段进行分析，研究其对档案的危险性和危害情况。要取得良好的防治效果就要做到科学防治、精准防治。

不同的档案害虫具有不同的生物学特性和不同的危害方式。进行冷冻杀虫时，由于害虫的不同虫态和发育阶段对低温的耐受能力都存在着差异，就要考虑不同害虫对低温的耐受能力（过冷却点）。进行真空充氮时，要考虑不同害虫、不同虫态的呼吸强度和对氧浓度的适应能力。这些防治方法要想取得良好的效果必须建立在对害虫科学研究和防治方法精确控制上。

4. 防治措施规范化

随着我国档案法治建设发展，越来越多地与档案害虫防治有关的法律、法规、标准陆续制定实施，使档案害虫防治工作也进入了规范化时期。一系列标准规范为档案害虫防治提供了推荐方法，也为防治后的档案库房空气质量提供了检测和评价方法。

5. 从业人员专业化

档案害虫防治是一项专业性很强的工作。从档案害虫种类鉴定、生物学特性、危害方式和危害程度，到选择防治害虫的方法以及如何使用该方法才能够取得最佳防治效果等都要求工作人员具备相当专业的背景知识或从业资格才能上岗操作，如，真空充氮中真空容器的操作、化学熏蒸剂的使用等。这使得档案害虫防治工作人员的专业化成为一种必然的趋势。

二、档案有害微生物的防治

微生物是一群体形微小、构造简单（单细胞及接近单细胞，有的甚至没有细胞构造）的生物的总称。广义来说，微生物包括细菌、酵母菌、霉菌、病毒、放线菌、单细胞藻类和原生动物。狭义地说，微生物主要指细菌、酵母菌和霉菌。细菌和霉菌都能危害档案，但危害性最大的还是霉菌。

（一）霉菌对档案的破坏

1. 霉菌能使纤维素水解，破坏纸张强度

构成霉菌菌体的物质中，水分占 70% ~85%，其余主要有蛋白质、碳水化合物、脂肪和少量无机盐等。微生物为了维持它的生命活动和生长繁殖，就必须从体外吸取养料，以供新陈代谢与构成菌体的各种物质。微生物没有专门的摄食器官，它们通过菌细胞的细胞膜把养料吸收到体内，只有溶解于水中的简单物质才能通过细胞膜被直接吸收。构成纸张主要成分的纤维素，由于分子体积大，结构复杂不溶于水，不能通过菌细胞的细胞膜，因此不能被微生物直接利用。然而，微生物能产生酶的物质，微生物借助各种酶的作用，使复杂的有机物分解成为可溶于水的简单物质。档案上生长的霉菌，首先靠纤维素酶使纤维素分解为纤维式糖，然后再靠纤维式糖酶使其继续水解为可被其吸收的葡萄糖。由于霉菌的破坏，纸张强度在 5 天内就会降低 50%。

2. 霉菌会使档案的字迹褪色

霉菌在吸取营养时，还会分解出有机酸，从而使纸张中的酸性急剧增加。霉菌利用酶把纤维素水解为葡萄糖，葡萄糖还可以进一步被某些菌分解为有机酸和醇。酸会促使纤维素水解，并使某些耐酸性差的字迹褪色。

3. 霉菌会分泌出色素遮住档案的字迹

霉菌的孢子具有各种颜色，菌丝有时也能分泌出色素，如红曲霉会污染上红色，灰绿青霉和灰绿曲霉等能染上紫色和绿色，烟色曲霉和紫青霉会染上蓝色，根霉、黑曲霉能染上褐色或黑褐色。因此，档案发霉后字迹往往被一定的颜色所遮住，严重时会影响阅读。

总之，霉菌的生长繁殖需要不断得到营养的补充，档案纸张材料中的纤维素是霉菌营养的来源。因此，档案发霉既是霉菌生长繁殖不断取得营养的过程，也是档案制成材料逐渐遭到破坏的过程。

（二）影响档案发霉的外界条件

档案制成材料本身具有可供微生物营养的成分，这是档案发霉的内在因素，但这只说明档案有发霉的可能性。实践告诉我们，档案并不是在任何保存条件下都会发霉，档案发霉还必须有适宜的外界条件。

造成档案发霉的主要外界条件有以下方面：

1. 湿度

水分是微生物的生命要素之一。微生物的生存与繁殖离不开水，因为水分是组成微生物细胞的主要物质之一；微生物的新陈代谢（摄食和排泄）也必须有水分参与。

微生物所需的水分，主要来源于档案纸张的水分，而档案纸张水分的高低又受库房空气湿度的影响。库房相对湿度高时，档案纸张就会从空气中吸收水分而增加本身的含水量；如果降低库房湿度，档案纸张就会向空气中放出水分而减少本身的含水量。只有当档案纸张的含水量能满足微生物生活、发育和繁殖的需要时，档案才能生霉。档案受潮容易生霉就是这个道理。同时，微生物体内水分的保持也跟空气湿度有关系。因此，微生物生长所需的水分是直接和间接地来自档案和空气。

一般说来，微生物的发育都要求较高的空气相对湿度，但是各种微生物对空气湿度的要求仍有差别，根据这种差别可以把微生物分为三种类型。

在微生物中，细菌属于高湿性微生物；酵母菌也属于高湿性微生物，个别属于中湿性微生物，要求的湿度在88%~90%以上。霉菌的情况较复杂，但多数霉菌是中湿性微生物。据实验可知，多数霉菌在空气湿度为95%±2%的条件下都能良好地生长繁殖，在相对湿度低于75%的条件下多数霉菌不能发育，因而通常把相对湿度75%称为生霉的临界湿度。

2. 温度

微生物的生长需要有适宜的温度，每种微生物的生命活动都需要一定的温度范围，超出这个范围则生长缓慢或停止。这种关系通常用三个界限表示，即最低生长温度、最适生长温度和最高生长温度。这些温度界限对不同的微生物来说是很不相同的。根据微生物对温度条件的要求，通常把微生物分为三类：低温性（嗜冷性）微生物、中温性（嗜温性）微生物、高温性（嗜热性）微生物。

危害档案的微生物大多数是中温性的，如多数霉菌的最适生长温度为 20~30℃，在 10℃ 以下不易生长，45℃ 以上停止生长。

据研究，各种微生物在最适生长的温度范围内每升高 10℃，生长速度可加快 1~2 倍。

微生物在最适宜的温度范围内生长旺盛。微生物在超过其生长的最高温度的环境下很容易死亡。超过的温度愈高，微生物死亡的速度愈快。高温之所以能杀菌，最主要的原因是高温能使蛋白质变性或凝固。微生物中蛋白质的含量很高，由于高温能促使微生物的蛋白质变性，同时破坏酶的活动，因此可以杀死微生物。多数微生物在 80℃ 的潮湿空气中会很快死亡（微生物细胞含水分愈少，其蛋白质胶体愈能耐高温），微生物的芽孢及少数菌种具有较高的耐热性。

一般情况下，微生物对低温的抵抗力较对高温的抵抗力强。例如，黑曲霉的个别菌株的最适温度为 36℃。例如，将温度升高 7℃，则其菌丝体减少至原来的数百分之一；如果将温度降低 15℃，其菌丝体减少至原来的数十分之一。细胞的芽孢和霉菌的孢子抵抗低温的能力更强。低温只能抑制微生物的生长，但其致死作用较差。微生物之所以能抵抗低温，可能是由于它们的体积小，在其细胞内不能形成冰结晶体，因此也不能破坏细胞内的原生质。

3. 空气成分

根据对氧需要的情况微生物可分为两大类，一类是在有氧的条件下才能进行正常的呼吸，这种呼吸叫有氧呼吸。在呼吸过程中，不断把葡萄糖和脂肪等物质氧化分解成二氧化碳和水，同时放出热量。必须在有氧条件下进行呼吸的微生物被称为好氧性微生物，也叫嗜氧性微生物。另一类是能在无氧的环境中进行呼吸，这种呼吸叫无氧呼吸。在呼吸过程中不能彻底分解有机物，可以在无氧条件下进行呼吸的微生物被称为厌氧性微生物。

多数霉菌需要在有氧的条件下才能正常生长，在无氧条件下不能形成孢子。空气中二氧化碳浓度的增加不利于微生物生长，如果使空气中二氧化碳逐渐增加，使氧逐渐减少，那么微生物的生命活动就会受到限制，甚至死亡。例如，当空气中的二氧化碳浓度达到 20% 时，霉菌中某些青霉和毛霉的死亡率能达到 50% ~70%；二氧化碳在空气中的浓度达到 50% 时，它们将全部死亡。

4. 酸碱度

酸碱度会影响微生物细胞膜的渗透性及菌体内霉的活性，也会影响原生质胶体的结构和性质。大多数细菌最适 pH 值为 6.5~7.5，霉菌最适 pH 值为 4.0~5.8。

（三）档案防霉的有效措施

1. 药剂防霉

防霉药剂的种类有很多，但大多数防霉剂须在生产中加入或涂在物品上才能起到防霉的作用，不适于档案防霉。适用于档案的防霉药剂应该是气相的，即具有挥发性，而且要符合一些要求：第一，具有足够的钻透性，药效好；第二，挥发出的气体对人无害；第三，对档案制成材料耐久性无不利影响；第四，价钱比较便宜。

常用的药剂包括：3 号中药气相防霉剂、香叶醇长效抗霉灵。

2. 改善档案保护条件防霉

接收档案入馆应进行严格检查，发现有档案生霉现象要进行消毒后才能入库房，以防把霉菌带入库内。

加强库房的温湿度管理，控制库房的温湿度是防霉的重要措施。要注意控制库房的湿度，特别在梅雨季节更要注意把库房湿度控制在标准范围内，库房干燥就不会发霉。

搞好库房的清洁卫生。霉菌的孢子往往附着在灰尘上到处传播，库房中灰尘多，就意味着霉菌孢子多。注意库房清洁卫生，经常不断地把霉菌孢子清除出去，可以减少发霉的隐患。

3. 气调防霉

多数霉菌在有氧条件下才能正常发育繁殖，如果用氮或二氧化碳全部或大部分取代保存环境中的空气，霉菌就不能生长了。这种方法要求密闭条件必须好。

（四）档案消毒的方法

消毒的方法有很多，但高温高压、紫外线消毒等都不适用于档案消毒，因其对档案制成材料耐久性影响太大。目前档案消毒只能靠药剂，如甲醛、环氧乙烷。

消毒方法如下：

第一，个别档案文件用甲醛液消毒。个别档案文件发霉，可用甲醛溶液消毒。方法是用夹子夹住脱脂棉球沾上甲醛溶液，再往档案发霉的地方擦。进行这种消毒工作时，应在通风橱中进行，如无这种设备，要在库外做。因为用甲醛溶液棉球擦霉层时，有的霉层可能会脱落，其中的孢子会散到空气中，若在库内进行，孢子仍落到库内。另外，甲醛溶液挥发的气体对人有刺激作用，也不宜在库内进行。在库外操作时，人要站在上风处，减少甲醛对人的刺激。还应注意，如果档案字迹遇水扩散，则不能用甲醛溶液消毒。

第二，简易消毒箱甲醛熏蒸消毒。这种消毒箱是一个密封程度较高的木箱，在箱内下部 10~15 厘米处放置活动的木条格板，把案卷竖放其上，开口处应稍敞开，便于甲醛气体的钻入。在箱外加热甲醛溶液，使其汽化后通入箱内。箱内温度保持在 20℃左右，不能太低，密闭处理 24 小时。

第三，真空消毒箱环氧乙烷消毒。真空消毒箱设备一般分为三个部分，即消毒箱、真空泵及气体发生器。消毒箱是一个金属制成的卧式长筒，箱内设有便于放置档案的活动架子，装取档案时可顺轨道将架子推进或拖出。两端（或一端）有密封程度非常高的密封门。

真空泵由一个电动机和泵构成，有管道与消毒箱相连，可以抽出消毒箱中的空气，使消毒箱内呈真空状态，以利消毒。

气体发生器主要是借助高温或减压使药物气化，并沿输送管进入消毒箱进行消毒。

由于箱内有自控加温设备，不受外界气温变化的影响。箱内处于真空，加强熏蒸毒气的钻透力，可提高消毒效果。

有的真空消毒箱设备带有尾气处理设备，熏蒸后需要放气时，使毒气经过尾气处理设备处理，变为无毒气体放出，可避免对环境的污染。

第二节 档案的修复技术

修复技术是将遭到不同程度损毁的档案制成材料，进行适当的技术处理，清除不利于耐久性的因素；停止其继续损毁；增强抵抗外界不利因素的能力；尽量恢复原来的面貌，提高其耐久性，从而达到延长寿命的目的。

一、档案修复工作的原则

第一，保持档案的历史原貌。档案是历史记录，不仅档案的内容，档案上的任何标记都是历史痕迹。因此，它不仅有参考作用，还有着重要的凭证作用。在修复工作中，要想使档案的这一重要作用能够继续实现，不仅要保持档案内容的完整，档案上的任何戳记、批语、标记以及格式等均不能有所改变。

第二，应有利于延长档案的寿命。修复中采取的措施，不仅要看其短期内能否改善档案制成材料的状况，还要从长期考虑，看其是否有利于档案制成材料的耐久性。

修复方法应对档案制成材料没有副作用。也就是说，我们在研究修复方法时，不仅要考虑这种方法能否解决某种损毁的问题，还应考虑这种方法对档案制成材料有无副作用。例如，加固纸张强度的方法是否会对字迹的耐久性有影响，恢复字迹的方法是否会对纸张的耐久性有影响，恢复某一种字迹的方法是否会对其他字迹的耐久性有影响等。

但是，档案制成材料种类繁多，损毁的原因极复杂，要求所有的修复方法都无任何副作用是极其困难的。因此，有些修复方法即便有些副作用，也不等于完全不能采用。这就要求根据具体情况，权衡轻重，正确处理。因此，任何一种修复方法都是有条件的。

第三，修复前应进行试验。修复工作是一项关系到档案命运的工作，必须谨慎、细致。修复前要对档案制成材料的性质、损毁原因以及将采用的修复方法的使用范围等情况了解清楚，并应进行修复前的试验，确认没有问题时，再正式处理。绝不能贸然行事，否则会造成无法挽回的损失。

二、档案的除污技术

档案在形成、管理、利用等过程中，由于某种原因有时会沾染上各种污斑。这些污斑如果长期留在档案上，往往会影响档案的利用或档案制成材料的耐久性。因此，需要采取一定的技术方法将污斑除掉。一般常见的污斑有水斑、泥斑、油斑、蜡斑、霉斑、颜色斑等。除污的方法很多，要视具体情况选用。

（一）机械除污

机械除污是借助手术刀、毛刷等工具，依靠机械的力量，将污斑全部或大部除掉。这种方法一般用于基础较坚固，而污斑易除或污斑较厚的档案。

第一，机械除污时，无须清理的部分或由于纸面过大需要下一步清理的部分，必须用白纸盖住，以免清理掉的污斑微粒落到这些地方。

第二，使用手术刀除斑时，应使刀刃跟纸面呈很小的角度。通常是从纸的中心向纸的边缘移动手术刀，在有裂伤或重折伤的情况下，要从基础的坚固部分向有折伤或裂伤的那一边移动手术刀。最好让手术刀的移动方向与纸的纵向相一致。

第三，清除下来的污斑微粒，需要随时从档案上加以清除。可用轻毛刷刷掉，或用镊子夹棉球清除，也可将档案立起敲打纸背。

第四，清理带字的部分最好用放大镜。如果字迹是铅笔或易擦掉的字迹，则应特别注意，防止将字迹除掉。

（二）水洗除污

水斑、泥斑和一些能溶于水的污斑，均可用水洗的方法除掉。

第一，采用水洗除污前应试验字迹是否遇水扩散。方法是在一块滤纸上打一小孔，把滤纸放在档案边缘不重要的字上，孔洞要对着字。取另一块滤纸滴 2~3 滴水，压在第一块滤纸孔洞处露出的字上，经一段时间，如果湿滤纸揭开后带有颜色印迹，说明字迹遇水流散。

第二，水洗除污不能只将污斑的部分水洗，否则纸张会发生不均匀的膨胀，造成褶皱或卷起。

第三，水洗时，用一个比档案稍大的瓷盘，内盛蒸馏水（应是中性）。除污的档案要一页一页地洗，将档案从瓷盘边滑入水中，使其完全浸湿并沉入水中，轻轻晃动盘子，即可达到水洗的目的。如果污斑较重，可将水适当加热，以促进污斑溶解。污斑除掉后，可放在清水中再洗一次，然后放在白色吸水纸中压干。

第四，档案纸张强度较差，水洗时应特别注意。为防止取放时使档案遭到损坏，可将档案放在一块稍大的玻璃板上，一同放入水中，取出时可用玻璃板将档案托出。

第五，水洗不仅能清除污斑，还可将档案纸张中含有的酸部分溶解于水中，起到一定的去酸作用。

（三）有机溶剂除污

在水中不能溶解的污斑，要使用一定的溶剂才能除掉。酒精或丙酮等水溶剂对去除虫胶、漆、油漆效果较好；憎水溶剂如苯、甲苯、四氯化碳、汽油等，去除油、蜡斑效果较好。

第一，使用溶剂除斑前应试验对字迹有无影响。方法是把档案放在一块滤纸上，字迹和滤纸相对，选择边缘处一个不重要的字迹，在背面加一块浸过少量溶剂的滤纸，压放一定时间，揭开后如果下面滤纸上出现颜色印迹，说明溶剂对字迹有影响。

第二，溶剂除污只处理污斑处即可，因溶剂易于挥发，不会使纸张过分膨胀而发生褶皱。

第三，处理时，把有污斑的档案放在滤纸上，字向下，从背面用浸有溶剂的棉球擦拭有污斑的地方，污斑被溶剂溶解后，即被滤纸吸收，随即把档案移到干净滤纸的地方，以防止污斑流散。

（四）氧化除污

颜色斑、霉斑的色素用溶剂很难除去，需要使用氧化剂。氧化剂除污就是用氧化性的化学药品对污斑色素进行氧化，强行破坏有机色素的发色团，达到除去污斑的目的。

第一，漂白粉去污法。过程是将需要去污的档案浸入清水中片刻，使纤维膨松，污斑浸透，再放入 0.5% ~1% 漂白粉溶液的盆内约 15 分钟，取出用清水洗一下，再放进1% ~2% 的次亚硫酸钠溶液内约 15 分钟，再用清水洗净，夹在吸水纸中干燥即可。

第二，次氯酸钠去污法。过程包括：①将需要去污的档案放进 5% 的次氯酸钠和浓盐酸混合溶液内约 5 分钟（浓盐酸按体积占 0.5% ~3%），氧化漂白。②取出后放入含有 0.5

毫升的浓盐酸溶于 2700 毫升水的盐酸溶液内，约 5 分钟，赶氯。③取出后再放进氨水溶液中（2 毫升浓氨水溶于 900 毫升水）约 10 分钟，以中和残存的酸。最后用流水洗涤，夹在吸水纸中干燥。

第三，过氧化氢-乙醚乳浊液去污法。过程是取等体积的过氧化氢和乙醚在分液漏斗中混合。混合时先在分液漏斗中放入乙醚，把预先放在另一分液漏斗中的过氧化氢慢慢流入乙醚中，边混合边摇动。混合完毕后，再用力摇动锥形瓶（塞好瓶塞）5~10 分钟。静置片刻，锥形瓶内混合液体分为两层，下层为未溶于乙醚的过氧化氢，上层为含有过氧化氢的乙醚乳浊液。取出后用有机溶剂去污的方法即可。

第四，二氧化氯去污法。过程是在 2% 的亚氯酸钠溶液中加入 40% 甲醛溶液，体积比约为 40：1，混合均匀，将去污档案放入，一般为 15~60 分钟。取出后放在吸水纸中压平。

二氧化氯因其沸点仅为 10℃，可作为气相去污剂，方法是将档案用湿滤纸夹起来，使档案潮湿，然后放在一个密闭容器内，设法把二氧化氯气通进去，通入量和密闭时间可根据污斑情况来控制，一般为 15~30 分钟。

以上三种氧化剂，其氧化性能比前三种要弱，对纸张中纤维素的破坏作用也较轻，适于清除染料墨水等较易去除的污斑。

三、档案纸张的去酸技术

酸会促进纤维素水解，使纸张强度下降，也会使耐酸性较差的字迹褪色。因此，对酸度较大的档案（pH 值在 5 以下），特别是一些珍贵档案应进行去酸处理，以延长档案的寿命。

检查档案纸张酸度的一种简便的方法是用试剂滴试或试纸测试。试剂可用石蕊试剂溶液，用滴管滴在档案无字部位上一两滴，观察颜色的变化。石蕊试剂 pH 值变化范围为 5~8，滴试后若颜色不变可认为 pH 值在 7 左右，若变红为微酸性，若变蓝为微碱性。用石蕊试纸测试，将试纸和测试部位润湿，紧贴在一起压实片刻，观察试纸变色情况，即可判断其 pH 值。试纸检查的效果不如试剂。

去酸就是用碱性化学药品将档案纸张中的酸中和掉。去酸的方法分为湿法去酸、无水去酸和气相去酸。

（一）湿法去酸

湿法去酸选择碱时，应选用中和酸以后的产物，即使其残留在档案上也有益无害。这样的碱就是钙、镁的氢氧化物。氢氧化钙和氢氧化镁都是较弱的碱，去酸时对纸张纤维无影响。

第一，酸式碳酸钙去酸法。去酸过程如下：①将去酸档案在清水中浸透，放入 0.15% 的氢氧化钙溶液里约 10~20 分钟；②取出后用清水洗一下，洗去档案纸张上大部分氢氧化钙液体，放入重碳酸钙溶液中（pH 值约为 6.5）10~20 分钟；③取出后放在空盘内，排除过量的重碳酸钙溶液，最后在吸水纸中压干。

第二，重碳酸镁溶液去酸法。将去酸档案放入溶液浸泡约 20~30 分钟，然后取出晾干。也可采用喷洒法，但效果不如浸泡法，因浸泡法可使药液渗入纤维的内部。应注意当溶液从纯白色变为微黄色，最后呈琥珀色时，不能再用。

第三，缓冲溶液去酸法。凡是向混合溶液中加入少量强酸或强碱时，混合溶液的 pH 值并不发生明显的变化，这种混合溶液就叫缓冲溶液。

湿法去酸的优点：①既可去酸，又可积存一些以后起缓冲剂作用的盐类；②可溶解许多种有害物质。

（二）无水去酸

无水去酸法是使用一种含有去酸剂和有机溶剂的无水溶液去酸。无水去酸法的优点是使用的溶剂在室温下能迅速蒸发，容易干燥，不易起皱。缺点是使用的溶剂有毒、易燃、昂贵（如甲醇烟汽既会爆炸又有毒）。另外，对某些字迹会产生扩散问题。

（三）气相去酸

气相去酸就是用碱性蒸汽对档案进行处理，而达到去酸的目的。

第一，氨。氨是一种碱性较强的无色气体。处理时要在密封的条件下，用稀释的氨水（1∶10）处理 24~36 小时，可使纸的 pH 值增到 6.8~7.2。

第二，吗啉。1，4-氧氮杂环已烷是一种无色有吸湿性的碱性液体，在真空器内可呈蒸汽状态。

使用时，把去酸档案放在一个可抽真空的容器内，抽真空后，将另一个密闭容器中准备好的吗啉溶液，经过导管使其导入真空容器内，密闭约 15 分钟，可使纸张 pH 值达到 7 左右。

吗啉去酸原理是其中的仲胺氮原子易和酸中的 H^+ 结合。

第三，二乙基锌。二乙基锌为两性化合物，遇 H^+ 结合而达到中和。二乙基锌性质活泼，与水、氧接触可燃爆，需要真空处理。

气相去酸的优点是字迹不会发生扩散，处理后不需要干燥，强度较差的档案不会因去酸而受到损伤，适合于大规模去酸，但需要专用的设备。

四、档案的加固与修裱

（一）档案的加固

档案的加固有两个内容：一是对遇水、遇热扩散，不耐磨的字迹的加固；二是对机械强度下降的纸张材料的加固。其方法就是在档案上加上一层高分子材料的薄膜，因而加固纸张强度也会起到巩固字迹的作用；巩固字迹的同时会起到加固纸张强度的作用，但重点不同，所用的方法与材料不同。

1. 胶黏剂喷涂法

胶黏剂喷涂法就是把具有胶黏性的化学药液喷涂在档案上，当溶剂挥发后，形成一层薄膜，使字迹得到巩固，纸张强度增加。常用的胶黏剂溶液包括：明胶溶液、聚丙烯酸甲酯溶液、乙基纤维素、有机玻璃。

加固用的胶黏剂应具有以下性能：

（1）要有一定的胶黏性，并能形成柔软而不透水的薄膜。

（2）胶黏剂的成分对档案纸张及字迹无害。

（3）胶黏剂应无色，透明度高，且不变色，不易老化。

（4）具有可逆性。

2. 加膜法

加膜法的目的是增强纸张强度，降低档案纸张的磨损。一般做法是将档案纸张正、反两面各加上一层透明薄膜，使档案纸张处于中间，既不影响阅读，又可以提高强度。

（1）热压加膜法。加膜机借助热（一般为 80～150℃）和压力（5～30 千克/平方厘米），使热塑性树脂薄膜与档案纸张黏合在一起（30 秒至 3 分钟），成为一个牢固的整体。

应用此方法，档案需要经高温处理，对纸张耐久性不利。

（2）溶剂加膜法。不用加膜机，使用溶剂将塑料薄膜微溶与档案黏合在一起。

具体做法：将档案、醋酸纤维素薄膜、砂纸按次序放在玻璃板或平滑的桌面上，用棉球蘸丙酮，从砂纸的中心开始向边缘涂抹，再迅速（15～20 秒）用拧干的丙酮棉球在表面擦一遍，要给以一定的压力，使三者结合在一起，最后压干。

这个方法可避免档案因高温高压受到损害。但是，丙酮有毒易燃，操作时不能有明火，并要有良好的通风设备。手工操作速度慢、质量差。

（3）丝网加膜法。此法是用蚕丝网（单丝织成的）对档案进行加膜。将档案放在两面喷有乙烯类树脂的丝网中间，上下各放一张氟塑料薄膜，经热压机处理，使丝网上的树脂熔化将丝网与档案粘在一起。

此法既增强了纸张强度，又不影响阅读，轻而薄，丝网耐老化，但为了不影响阅读，丝网用单根蚕丝组成，空隙较大，强度较小。

（二）档案的修裱

修裱技术是我国的传统方法，修裱技术不仅用于档案的修复，还用于图书、字画等。我国的修裱技术在世界上享有盛誉。

修裱方法的优点：第一，修裱方法是以纸张来加强档案的强度，因用的材料和档案制成材料一致，不会产生副作用，而且纸张耐久性较好，不会影响档案的寿命；第二，这种方法是可逆的；第三，设备简单，购置较易，许多工具可以自制；第四，技术不复杂，经过一定时间的训练，就可以基本掌握，因而是目前普遍采用的一种修复方法。

1. 胶结成砖档案的处理

揭"档案砖"常是修裱前的重要工作之一。

（1）干揭法。干揭只适于黏结不太严重，页与页之间仍有缝隙的档案，或者是字迹遇水扩散的档案。

干揭法就是用竹扦子从页的缝隙处慢慢伸进去，左右移动，从而把文件揭开。

揭时，竹扦子移动要稳，并应紧贴下页档案，不要往上挑动，以免挑坏档案。最好先从字的两边揭起，即字行之间揭起，然后再揭字的下面，由于两边已经揭动，所以字的下面就较易揭开，而不会把字揭破。

若有揭下的字迹，必须记住位置，不能错放，待修裱时对在原处。

（2）湿揭法。黏结得严重，页与页之间无缝隙的成砖档案，须用湿法揭，但要注意字迹是否遇水扩散。

第一，沸水冲。沸水冲是依靠水的渗透力和温度，把成砖档案中的胶黏物和杂质溶解并冲掉，从而能够揭开。这种方法还具有清除档案上的污物、杂质的作用。但是，档案受高温和水的共同作用，纸张、字迹均受影响。

具体做法：将一块木板放在盆中，成45°角。木板上放麻纸，然后放上"档案砖"，再放上麻纸，用沸水从"档案砖"上边的缝隙处冲，水流要缓慢，以免将档案冲跑。冲完一面再冲一面，至水净为止。

冲后档案很湿不能马上揭，易揭坏。也不能等干了再揭，干后就又粘在一起了。正确的做法是晾八九成干，用针挑起一个小角，轻轻揭起，遇有黏着的地方用镊子帮助揭开。

第二，蒸汽蒸。依靠水蒸气的渗透力熔化"档案砖"中的胶黏物而便于揭开。

方法：用麻纸将"档案砖"包好，放在笼屉里蒸，一般 40 分钟左右即可，蒸后要在蒸汽未散时及时揭开。

第三，溶剂浸泡。当"档案砖"上的胶黏物难溶于水时，可用有机溶剂浸泡，使胶黏物溶解，而便于揭开，但要注意字迹是否会扩散。

2. 胶黏剂的制备与修裱用纸

（1）胶黏剂的制备。修裱是依靠胶黏剂使档案与修裱用纸牢固结合，从而起到增加档案纸张强度的作用，因而胶黏剂的好坏直接影响修裱质量。

修裱用的胶黏剂是一种特制的淀粉糨糊。淀粉糨糊胶性小，无麸皮，修裱出的档案柔软不变形，而且经若干年后必须重托时，仍能揭下来。一般的糨糊因未除面筋，胶性太大，修裱时不便于操作，易使纸张发皱不平整，修裱的档案较硬。

淀粉浆糊配方：小麦淀粉 20 克，甘油 1 毫升，明矾 0.05 克，乙萘酚 0.5 毫升，水 90 毫升。

配制糨糊时应注意温度，不要超过 70℃，温度过高会使黏性降低。糨糊的浓度可根据纸张的厚薄和吸水性能来调制。

（2）修裱用纸的选择。

第一，修裱实际上就是用纸张进行加固。用纸选择十分重要，选择适当的纸张对延长档案的寿命有很大关系，选择不当会缩短档案的保存期限。

第二，修裱用纸应符合下面一些要求：①纤维素含量高，化学杂质少；②纸张应是中性或微碱性；③纸张薄而柔软，强度好。

第三，托裱用纸常用棉连、单宣、夹连，其均为宣纸，棉连较薄，单宣、夹连较厚。这种纸杂质少，纤维长，纸质薄软而韧，色洁白，经久不变。溜口常用河南棉纸，这种纸纤维长，拉力大，薄而柔软，只是有的会有沙子或小疙瘩，使用时应除掉，是溜口较理想的纸张。

（三）档案的修补

1. 补缺

档案部分残缺或有孔洞时可用补缺方法修复。补缺是将档案破损处周围涂上糨糊，将补纸按上，把多余的地方撕下，这样补纸周围呈帚状，与档案纸张结合牢固。补缺的搭头处不应过大。补缺用的糨糊要比托裱稍稀一些，这样补出的档案柔软。补缺纸与档案纸张纤维方向要一致，否则就会发皱。

2. 托补

（1）溜口。有些档案是筒子页，经过不断翻阅摩擦在骑缝处断成两个半页，必须补齐，恢复原筒子页形状。溜口纸条宽度一般为 1 厘米。有的断开处已磨破或磨圆，必须补齐后再溜口。

方法是将两个半页档案反放在台子上，对齐，涂糨糊后上溜口纸。

（2）加边。有些档案字迹距纸边很近，需要加边。加边的方法有以下两种：①挖镶。用一张大于档案的镶纸补在档案上，与档案重叠处均用镊子揭掉。这种做法加出的四边没有接口，非常美观，但较费纸。②拼条镶。把配好宽度适当的纸条贴在需要加边档案的四周。要先镶长边，后镶短边。

（3）接后背。有些档案后背窄小，影响装订和翻阅，必须把它接宽。接后背用纸的宽度应视装订情况而定。

（四）档案托裱

托裱就是在整页档案的背面托上一张纸，从而提高档案纸张的强度。

1. 湿托

湿托是把糨糊刷在档案上，然后把托纸托上。适于字迹遇水不扩散的档案。湿托时先在工作台上铺一张预先用水浸湿了的油纸。铺油纸时要平，油纸和台面紧密结合，不准有气泡，否则档案上不平、易动。油纸表面不要太湿，以防档案滑动，但也不能过干，否则档案会离开油纸。然后将要托裱的档案字向下平放在油纸上，用排笔将糨糊刷在档案的背面。上糨糊时手腕要灵活，避免使用臂力，刷的方向有上下，也有左右。糨糊不能蘸得太多，多了容易使档案随糨糊浮动，可能刷跑了字迹。但也不能太少，少了容易粘住档案，可能粘破字迹。能刷一遍解决问题，就不刷两遍。档案上的糨糊越少越好，刷糨糊的多少应以粘牢为原则。刷完糨糊，把准备好的托纸刷在档案上。上纸要求轻快而稳，一手拿纸，一手持笔，排笔或棕刷要紧贴托纸向前移动，轻快地向上下方向刷，边刷边放纸。然后将档案从油纸上取下，字朝下放在工作台上，在背面四周用毛笔刷上糨糊，然后上墙干燥。上墙要保持档案平整，上完后要用棕刷在四周敷实，操作时要用力均匀，否则会出现走边现象。

2. 干托

干托是把糨糊刷在纸上，然后把档案托上，档案字迹遇水扩散时，需要用干托。

（五）修裱后的干燥

1. 用绷子晾干

绷子是用木框和 10~20 层高丽纸糊制而成，小者可移动称为"绷子"；大者固定在墙上称为"纸墙"，占据整面墙者称为"大墙"。

托裱后的档案贴在绷子上晾干，极其平整美观，不会发皱。由于绷子是纸制的，不但干得快，而且与档案纸张的收缩程度相同，不易发生断裂。上墙时室内湿度应保持在65%，干燥过程中湿度也应不小于60%。湿度过大托裱的档案干燥慢，易引起发霉。湿度太小，干燥过快，由于剧烈收缩，会引起绷裂现象。

2. 吸水纸压干

此法多用于修裱后的档案的干燥，即把修裱后的档案放在吸水纸中间，上置重物，进行压干。压干后的档案比较平整。但空气湿度大时，应注意翻动和更换吸水纸，以免由于干燥太慢而发霉。

五、档案字迹的恢复与再显

（一）物理法

1. 用滤色镜摄影恢复被污斑遮盖的字迹

滤色镜是由有色光学玻璃制成的，它对色光有透过、限制、吸收的选择作用。不同颜色的滤色镜对色光的透过、限制、吸收的情况也不相同。什么颜色的滤色镜，就只能让相同颜色的光透过，对其附近的光起限制作用，即只能透过一部分，对其他颜色的光则吸收不能透过。

根据滤色镜对色光的这种选择作用，恢复被污斑遮盖的字迹时，只要使用与污斑相同颜色的滤色镜进行摄影，被污斑遮盖的字迹就可以在感光材料上显现出来。

例如，一份白底黑字的档案上面有了红色的污斑，用红色滤色镜摄影，黑字部分因不反射光，在底片上不感光；白底部分反射出的白光是由七色光组成的，其中红色光透过滤色镜在底片上感光；污斑部分反射出的红光透过滤色镜在底片上感光。经过冲洗，污斑下面的字迹在底片上就能清楚地显现出来。

当然，白底部分和污斑部分虽然都在底片上感光，但程度稍有差异。白底部分反射出的光中，除红色光外，还有黄色光；黄色光通过红色滤色镜时只起限制作用，尚有一定量通过。因此，白底部分在底片上感光的程度要稍大于污斑部分。尽管如此，在底片上污斑部分基本被去掉，字迹还是能较清楚地显现出来。

这种方法只适于字迹和污斑颜色不同的档案。

2. 用补色滤色镜恢复褪色字迹

我们所见到的白色光是由红、橙、黄、绿、青、蓝、紫七色光所组成。也就是说，七色光加在一起形成白色光。但是，不仅七色光混合后能形成白色光，在七色光中有三种基本颜色的光，混合后也能形成白色光。这就是红、绿、蓝三种颜色光，这三种色光称为"三原色"。

红+绿+蓝=白

如果从白色光中减去三原色光中的一种，就可以形成另外颜色的光。

白-红=绿+蓝=青

白-绿=红+蓝=紫

白-蓝=红+绿=黄

白色光分别减去三原色光红、绿、蓝所得的青、紫、黄三色光，称为"三补色"。

即青色光是红色光的补色；紫色光是绿色光的补色；黄色光是蓝色光的补色。

所谓某颜色光是另一颜色光的补色，即这种颜色光中绝无另一颜色光。根据这个道理：

白-青=白-（绿+蓝）=红

白-紫=白-（红+蓝）=绿

白-黄=白-（红+绿）=蓝

因此，红、绿、蓝三色光中也绝无青、紫、黄三色光，所以红色光又是青色光的补色，绿色光又是紫色光的补色，蓝色光又是黄色光的补色。实际上是互为补色的。

用摄影法恢复褪色字迹，就是想办法使无字的地方（白底）在底片上感光，有字的地方在底片上不感光，在底片上形成较大的反差，使原来因褪色而较淡的字迹能清楚地显现出来。为了达到这个目的，就需要用褪色字迹颜色的补色滤色镜摄影。白底部分反射出的光中有与补色滤色镜颜色相同的色光，可以通过滤色镜在底片上感光，而字迹部分反射出的色光是补色滤色镜的色光中绝对没有的色光，不能透过滤色镜，在底片上不感光。这样就能取得反差较大、字迹清楚的底片。

（二）化学法

目前，化学法只能恢复褪色的蓝黑墨水字迹。蓝黑墨水的主要色素成分是鞣酸亚铁和没食子酸亚铁，当其字迹褪色后，在字迹处仍残留有一定的铁质，因而可以用一定化学药品与其发生作用，使其再产生颜色。

1. 硫化铵显色法

硫化铵易分解成氨和硫化氢气体，硫化氢与褪色字迹处残留的铁发生作用，会生成黑色的硫化铁。

做法是将硫化铵溶液放在一瓷盘里，把要恢复字迹的档案用水润湿，字向上放在一块玻璃板上，然后连同玻璃板反盖在（字向下）瓷盘上，瓷盘中硫化铵分解出的硫化氢与档案字迹处的铁发生作用，过一段时间，褪色字迹处的颜色就会慢慢变黑。

这种方法的缺点是恢复出的黑色字迹，时间不长又会慢慢褪掉。因为硫化铁易氧化而褪色，潮湿又加速了氧化。如果立即把档案烘干，保留的时间会长一些，最好还是当字迹恢复出来后，立即摄影，以便长期保存。

2. 黄血盐显色法

黄血盐即亚铁氰化钾，可以与褪色字迹处的铁质发生反应，生成亚铁氰化铁，即蓝颜料中的铁蓝（也叫华蓝）。

做法是把需要恢复字迹的档案夹在两张浸过黄血盐溶液的滤纸中间，压实一段时间即可。此法恢复的字迹保存时间长，但颜色不同于原来字迹的颜色。

3. 鞣酸显色法

鞣酸可以和褪色字迹处的铁质发生反应，产生黑色的鞣酸铁。做法是将鞣酸溶于酒精中，制成 5% 的鞣酸酒精溶液，将滤纸放入溶液中浸润，把恢复字迹的档案夹在滤纸中，压实一段时间即可。

第三节　档案保护行业标准建设

档案保护行业标准建设内容不仅涉及档案自身载体保护，还包括档案库房等外部环境的保护。具体来看，我国档案保护行业标准主要分为两大类：

第一，不同载体类型的档案保护行业标准，主要指纸质档案保护行业标准、声像档案保护行业标准以及电子档案保护行业标准。这一大类行业标准建设具体涵盖了不同档案载体的档案保护技术、档案载体材料要求、档案保护管理制度三方面的行业标准。档案制成材料要求方面的行业标准主要指针对档案信息存储载体所形成的行业标准，如纸张、字迹材料耐久性测试、LTO 磁带应用、硬磁盘离线存储、蓝光光盘技术要求等方面的行业标准。档案保护技术方面的行业标准主要指围绕档案数字化技术、缩微摄影技术而形成的行业标准，如纸质档案与录音录像档案数字化、数字档案 COM 和 COLD 技术等行业标准。档案保护管理制度方面的行业标准是指管理层面的档案保护制度和要求，如磁性载体档案管理、数码照片管理、录音录像档案管理等相关行业标准。

第二，档案保管条件方面的行业标准。在档案库房环境、档案库房防虫、档案包装和装具以及保护设备等方面出台的保护标准。

一、档案保护行业标准建设发展历程

第一，初步发展时期。初步发展时期（1992年—2007年），此阶段所颁布的标准数量较少。这段时期所颁布的档案保护行业标准以纸质与声像的档案保护行业标准为主，主要涉及纸质档案制成材料质量要求、纸质长期保存的耐久性测试方法，以及磁性载体档案和缩微品的要求规范等内容。从档案保护技术来看，这一时期档案保护行业标准建设聚焦于缩微技术和虫害预防技术，国家档案局分别从档案归档后的载体存储和虫害预防方面，相继发布了档案保护行业标准。

第二，缓慢发展时期。缓慢发展时期（2008年—2016年），电子档案保护行业标准逐渐兴起。缓慢发展时期档案保护行业标准数量有所增加，但数量增长较为缓慢。这一时期，档案保护行业标准建设逐渐开始关注电子档案保护。随着电子商务和电子政务的迅速发展，电子文件保护技术手段的逐渐成熟，我国国家档案局高度关注并加快了电子档案保护方面的行业标准建设。

电子档案在长期保存方面对技术手段的要求较为严格。国家档案局也相继发布了电子档案的相关保护技术规范标准，例如数字化技术规范、记录格式、元数据方案等，这些标准为之后的数字档案建设奠定了重要基础。

第三，快速发展时期。快速发展时期（2017年至今），电子档案、声像档案、纸质档案三种不同档案载体的行业标准建设都得到相应的重视。

二、档案保护行业标准的标准内容建设

我国档案保护行业标准不仅在标准数量建设上取得一定成绩，而且在标准内容建设上也得到不断丰富。按照标准所涉及的内容划分，我国档案保护行业标准主要涉及两大类：①分别针对不同载体类型档案的相关技术标准和制度标准，即围绕纸质档案、声像档案、电子档案而形成的档案保护行业标准；②档案保管条件方面的行业标准，即档案室（馆）库房、档案装具、档案保护设备等方面的行业标准。以下具体分析上述两大类档案保护行业标准建设情况：

（一）纸质档案聚焦纸质修复过程的标准建设

纸质档案是以纸张作为载体的档案，如公文图纸、契约、证书、书稿等。纸质档案行业标准主要内容涉及四个部分：

第一，制成材料耐久性检测。基于纸质档案长期保存的需求，耐久性测试能够预防和评估外界因素，如温湿度、光照强度等对纸质档案老化、酸化的影响。通过对纸质档案的字迹材料和纸张载体的耐久性检测，可以为纸质保护材料选择和修复方法的确定提供科学依据。

第二，纸质档案抢救与修复技术。纸质档案抢救与修护操作指南除了注重档案保护技术，还兼顾档案修复工作过程，尤其是细化纸质档案修复工作流程。

第三，纸质档案数字化技术。数字化技术在纸质档案保护行业标准建设中的应用，是加强纸质档案安全的一项重要举措。数字化技术规范能够根据实际利用需要，确保纸质档案扫描的完整性，并通过元数据的采集和保存，保障纸质档案数字化成果的真实性和安全性。

第四，纸质包装装订规范。其中，纸质档案真空充氮密封技术的相关规范，避免了有害气体、虫害等给纸质档案本身造成的损害，是延长纸质档案寿命的有效方法。总体来看，纸质档案保护行业标准内容涵盖范围较为广泛。随着纸质档案修复标准的不断完善，档案保护行业标准也逐渐由针对修复技术的标准向针对修复过程的标准转变。

（二）声像档案重视数字化保护技术标准建设

声像档案是由感光材料和磁性材料等特殊载体构成的，如磁带、光盘、缩微胶片等，并以音响、形象等方式记录信息的档案。声像档案保护行业标准主要内容涉及三个部分：

第一，缩微摄影技术。缩微品制作与保管，缩微摄影技术在大量历史档案抢救过程中发挥着重要作用，最大限度地保持准确性，降低抢救档案的成本。档案缩微品保管以及缩微品制作规范涉及档案基础拍摄、缩微编排、冲洗、校对等多个工作环节。

第二，档案数字化技术。这些标准规定了声像档案数字化技术与管理要求，包含数字化前处理、数据库建立、信息采集等基本要求。从缩微胶片和录音录像等声像档案数字化规范的逐步完善可以看出，我国声像档案行业标准重视数字化保护技术标准建设。由于声像档案不同于纸质档案，其具有形象、可视化等特点，利用阶段通常需要配备相应的设备，这就导致声像档案利用率不高，且每次利用对于载体和信息的磨损较纸质档案严重。声像档案行业标准建设中重视数字化保护技术标准建设，为提高声像档案利用率，实现资源共享以及对修复污损残缺照片等声像档案提供了便利。

第三，声像档案管理规范。规定了数码照片和录音录像等的贮存环境、包装、存储设备等基本要求，将常规性保护制度贯穿在档案保护工作流程中。总之，传统声像档案保护通常将录音、录像等历史信息记录在固定的磁性载体、胶片和光盘之中。近年来，声像档案保护在与现代信息技术相结合的过程中，数字化技术的运用越来越频繁，声像档案行业标准建设也越来越注重数字化保护技术标准建设。声像档案行业标准的数字化保护技术标准建设为今后建立档案影像数据库或多媒体数据库奠定了重要基础。

（三）电子档案注重归档存储与信息安全标准建设

电子档案是以数字代码形式存在，运用计算机系统记录、传输并具有凭证、查考和保存价值的电子文件。电子档案保护行业标准，主要内容涉及五个部分：

第一，电子文件元数据管理，以文书类、照片类和录音录像类电子档案的元数据方案为主。

第二，电子档案的载体规范，围绕蓝光光盘、硬磁盘等电子档案载体，规定了可录类蓝光光盘和硬磁盘离线存储技术、保存维护以及使用等要求。

第三，电子文件归档。电子文件归档范围得到不断拓展，纳入具有查考价值的网页信息内容以及政务服务事项电子文件，这为今后网络信息归档保护的研究和实践提供了重要借鉴，也有助于电子档案保护向单轨制方面不断迈进。

第四，异质备份技术规范。这些标准规定了档案信息异质备份的前期准备、缩率、检索、质量要求等。

总之，一方面随着电子档案归档范围不断拓展，许多政府网站记录、社交媒体等被纳入电子档案归档范围，这些新纳入的电子文件归档存储规范越来越受到重视；另一方面，随着对数据信息安全的重视，异质备份行业标准等涉及电子档案信息安全的标准建设越来越受到重视。

（四）档案保管条件趋向智能与环保类标准建设

档案保管条件方面的行业标准，在"以防为主，防治结合"的档案保护工作方针指导下，档案保管条件的行业标准建设涵盖了档案防虫防霉标准、档案室（馆）防灾应急标准、档案室（馆）库房标准、保护设备标准四大类型。具体来看：

第一，虫霉防治测定方法和规则，规定了防霉防虫测定的仪器设备、测试方法以及结果评定。

第二，档案室（馆）库管理要求，主要涉及档案室（馆）库评价标准、馆库环境检测标准、档案室（馆）库应急管理基本要求。

第三，保护设备要求。档案保管行业标准在档案信息系统安全、密集架智能管理系统等方面的规范指导，为未来档案室（馆）朝着智慧型管理提出了明确要求。这也说明了档案保管条件行业标准建设正朝着智慧化管理与安全预警需求方面不断努力。

第四，档案装具要求，档案装具标准在档案有效除尘除霉、延长保存期限等方面发挥着积极作用。档案装具的相关标准在装具尺寸规格、包装运输或贮存的管理需求以及技术要求、试验方法等方面做出了细致规范。

综合来看，档案保管行业标准趋向于智能类和环保类的标准建设。就档案保护设备要求而言，档案密集架在手动密集架特点基础上，增加了定位引导、状态显示等智能管理功能，为档案室（馆）保管设备的智能化标准建设提供了借鉴。就档案库房管理来看，《绿色档案室（馆）建筑评价标准》（DA/T76-2019）是我国第一部有关档案建筑绿色环保的评价标准，为今后档案保管行业标准趋于绿色环保起到了积极引领作用。

此外，档案保护行业标准的建设过程中参与组织逐步呈现多样化。政府机关及其直属的专业研究院、行业协会、高等院校、企业参与档案保护标准起草逐渐增多。并且，我国档案保护行业标准建设开放性也在不断增强，对外交流活动不断增多。

总之，从档案保护行业标准的发展历程看，档案保护行业标准建设大致分为三大发展阶段，并且各个阶段性发展特点鲜明。目前，我国档案保护行业标准建设正处于快速发展阶段。纸质、声像、电子不同载体的档案保护行业标准得到了充分的重视与发展。从档案保护行业标准的内容建设方面看，针对纸质、声像、电子不同载体的档案保护行业标准以及保管类行业标准的建设均有较为清晰的发展目标，标准内容仍在不断丰富中。

三、档案保护行业标准建设的加强策略

档案保护行业标准建设是档案保护工作长久的任务，并不是一朝一夕、一蹴而就的。档案保护行业标准建设需要夯实标准的建设基础，提高标准的建设效率，提升标准的建设质量。针对我国档案保护行业标准建设所存在的问题以及问题产生的原因，本书提出加强我国档案保护行业标准建设的对策建议。

（一）加强组织间合作促进行业标准建设

在档案保护标准建设过程中，需要各级档案部门、科研机构、行业协会、高等院校以及企业协同合作，通过建立起合作共享、协调互助的机制，促进档案保护行业标准的建设。组织之间的协同合作不仅涉及档案标准制定、修订等各个工作环节，还涉及档案标准应用实践经验交流等。加强档案保护行业标准建设参与组织之间的协同合作应该突出以下两方面：

1. 加强组织间标准起草修订环节的合作

加强不同类型组织在档案保护行业标准起草与修订方面的合作。扩大档案保护标准研制机构范围，广泛吸收各级档案机构、科研机构、高等院校、企业承担行业标准起草与修订任务。鼓励成立档案保护行业标准建设联盟，鼓励各级档案机构、高等院校、行业协会、企业组织联合起草或修订档案保护行业标准。

（1）大力吸收企业参与标准的制定与修订，尤其是一些与数字产品有关的企业。鼓励高等院校在标准建设中发挥学术专业特长，给予标准建设的理论支撑。

（2）加强档案保护工作机构与标准研制组织之间的交流机制建设，对所需要修订的档案保护行业标准进行充分调研。完善档案保护标准建设的复审修订机制，应对解决标准内容老化、更新不及时等问题，提高档案保护行业标准的适用性。

总之，加强产学研三方组织合作，提高各类组织在档案保护行业标准建设过程中的参与积极性，将有助于缩短档案保护行业标准研制周期，减少标准项目重复申报，提高档案保护行业标准的建设效率。

2. 鼓励相互交流标准应用的实践经验

鼓励不同组织之间进行档案行业标准建设的经验交流。

（1）鼓励不同档案机关围绕档案保护行业标准实践应用展开经验交流、学术探讨等活动。通过定期举办档案保护行业标准研讨会，举办档案保护行业标准知识竞赛等活动，讨论档案保护最新理论、最新技术研究成果，交流档案保护标准在实践中的应用经验。

（2）加强跨界交流，加强档案机构与图书馆、博物馆的合作交流。由于图书、文物、档案都是重要的文化遗产，对三者的保护有一定的"共通"之处，三者的相关保护标准往往存在可以相互借鉴之处。在文献遗产视角下，档案保护、古籍保护与文物保护不断相融合，可以建立档案室（馆）与图书馆、博物馆的合作共享机制。吸收图书馆、博物馆在标准建设方面的经验，尤其是在数字化方面的标准建设经验。通过不断吸收图书馆、博物馆的标准建设经验，进而丰富档案自身标准建设。

（二）改善档案保护行业标准执行条件

标准执行条件是影响标准建设的重要因素。档案保护行业标准执行条件较差会导致"有标准用不上""有标准用不好"的情况，一定程度上限制档案保护行业标准建设的积极性。改善档案保护行业标准执行条件，可以从以下两方面着手。

1. 加大档案保护基础设施建设投入

加强各级档案室（馆）档案保护设备的采购，尤其是电子档案存储必备的保护设施。随着档案信息化的发展，电子档案保护已成为档案保护工作的重点任务之一，但是许多电子档案保护设备在基层档案机构还较为缺乏。应该加强档案综合管理系统、数字档案室（馆）数据存储服务器、备份一体机等档案保护设施的采购，同时提高档案部门档案信息化设备利用率，进而改善档案保护行业标准执行条件。

2. 加强档案保护行业标准应用培训

由于档案保护技术性强、流程复杂、操作具体，对一线的档案保护工作人员，尤其是基层工作人员，加强档案保护标准应用培训将有助于保障档案保护标准的有效实施。为进一步提高档案保护工作人员对档案保护行业标准的熟悉程度，鼓励档案保护工作人员充分熟练运用、严格执行相关档案保护行业标准。

各级档案机构应该定期举办档案保护行业标准应用培训班，举办标准化档案保护技术竞赛，根据各级档案机关自身特点开展针对性的档案保护应急演练，通过丰富的实践活动，提高档案工作人员的档案保护标准化意识，提升档案保护工作人员业务水平。

（三）加强档案保护行业标准研制工作

标准研制是档案保护行业标准建设的重要基础，档案保护行业标准研制数量与研制质量直接影响着标准建设的成效。加强档案保护行业标准研制基础，可以从以下三方面着手。

1. 加大档案保护行业标准研制扶持力度

（1）适度增加档案保护标准建设的科研立项数目，进而增加档案保护行业标准的有效"供给"。鼓励档案保护标准的立项申请，进一步细化档案保护行业标准的立项申请重点，可以适当进行立项申请培训与指导，提高立项申报质量，适度增加立项数目。

（2）加强档案保护标准建设项目的资金资助。国家档案局应加大档案保护标准建设资金投入力度，提高档案保护标准化科研项目的资助额度。与此同时，做好档案保护标准建设资金的使用、监督和管理。

2. 提升档案保护行业标准研制基础条件

完善档案保护行业标准研制基础条件包括：

（1）充分重视档案保护标准建设的理论研究，借鉴国外优秀的档案保护理论，拓展档案保护行业标准建设的理论研究领域。

（2）加大档案保护的新技术研究投入。加强档案保护的前沿性、原创性、基础性技术的科研力度，支持围绕档案保护新技术建立档案保护行业标准。

（3）加快档案保护科技成果向行业标准转化。聚焦一批创新型、实用型档案保护技术，集中开展相关行业标准研制，加强档案保护技术工艺标准建设和技术设备标准建设。

3. 不断完善档案保护行业标准体系建设

档案保护行业标准体系的建设是一项全面系统的工程，应当基于我国档案保护技术现阶段发展水平以及未来发展趋势，设计档案保护行业标准体系架构。标准体系建设需要明确发展重点、有序开展，对于重要的标准需要优先建设，进而优化档案保护行业标准体系的内容与结构。从内容结构上看，现阶段我国档案保护行业标准体系建设需要加强以下几类标准的建设：

（1）加快电子档案保护行业标准建设，尤其加强科技（科研）电子档案保护标准建设，服务国内各级科研机构。加强电子档案保护的异地异质备份标准建设，完善在档案信息备份基础设施要求、档案信息备份数据交接规范等方面的建设。加快三维电子文件保护标准建设，加快三维电子文件归档、保存等方面的行业标准建设。

（2）完善纸质档案保护行业标准建设，加强档案展览利用过程中档案保护工作的相关标准建设，完善有关档案陈列展览方式、档案展览环境条件等方面的相关标准。

（3）加强档案保管条件标准建设。加强档案保护智能化方面的行业标准建设，尤其加强档案库房环境治理系统、智慧型数字档案室（馆）方面的行业标准建设。加强档案保护绿色环保方面的标准建设，如档案室（馆）库房环境评估、检测方面的标准建设。

（4）加强档案保护新技术标准建设。如加强数字修复行业标准建设，加强电子档案保护与区块链技术应用的行业标准。

（5）加强档案保护管理方面的行业标准建设。如档案保护风险管理标准、档案保护设备管理规范等一些行业标准的建设。

（四）鼓励借鉴国外标准建设先进经验

1. 加强档案保护行业标准的采标工作

我国应及时追踪国外档案保护标准研制动态，紧跟权威标准化组织有关档案保护标准的研究，在遵循优选自愿的原则上，积极采用适合我国档案保护国情的国际标准。加强我国档案保护行业标准的采用国际标准工作，保证我国档案保护标准工作的前瞻性、先进性。跟随国际档案保护标准研究前沿，认真学习国际档案保护的相关标准，开展国际标准在我国档案保护过程中的应用研究，提高我国档案保护行业标准制定的国际化水平。

我国尤其应加强档案保护工作重点领域的行业标准采用国际标准工作。电子文件存储载体的选择，电子文件载体环境条件测试与评估仍需进一步加强采用国际标准工作。我国还应该在借鉴国外档案保护标准研制经验的同时，积极探索研制适合我国的档案保护行业标准。

2. 积极与国外档案保护组织交流合作

英国、德国、美国等发达国家各行业协会在档案保护标准起草、审查、发布、发行等方面具有很丰富的经验。我国应该充分发挥档案保护相关组织的作用，加强与国外档案保护组织之间的交流合作。

（1）积极参与国际档案大会、国际档案理事会年会等会议，参与国际档案保护的学术研讨和相关标准制定。在学术交流探讨中不断地借鉴国外先进的档案保护标准建设经验。我国应积极主动地参加档案文件/管理技术分委员会工作，承担与我国档案保护有密切利益关系的工作任务。

（2）寻求档案保护合作项目，如重要历史档案的共同展览等，在项目合作中学习国外档案保护标准建设经验。继续积极承办世界记忆项目亚太地区档案保护工作坊、国际档案理事会东亚地区分会等国际会议，提高我国在档案保护工作领域的国际影响力。

（3）大力引进国外先进的档案保护技术。日本、美国、澳大利亚等标准化发展较快的国家依靠其先进的档案保护技术在国际标准化组织、国际电工委员会、国际电信联盟等权威性组织中占有重要地位。我国应该积极学习国外先进的档案保护技术，吸收先进的档案保护科技成果，结合我国国情不断地创新档案保护技术。在标准建设中不断引入先进的档案保护技术，保障我国档案保护行业标准具备前瞻性，进而建立适应我国国情的档案保护行业标准体系。

（五）加强档案保护行业标准宣传工作

标准宣传工作是标准建设的重要环节，加强档案保护标准宣传工作有利于推广档案保护技术的推广应用，有助于保障档案保护行业标准的有效实施。加强档案保护标准宣传工作需要做好以下两方面：

1. 建立档案保护行业标准宣传媒体平台

新时期档案保护行业标准需要善于运用互联网技术手段开展行业标准宣传工作，加强档案保护行业标准宣传需要：

（1）搭建档案保护行业标准的新媒体宣传平台。组建新媒体运营团队，借助微博、微信、小视频等多种媒介传播形式，及时、高效地宣传档案保护行业标准内容，分享国内外档案保护标准建设新动态。

（2）利用新媒体平台能够及时互动反馈的优势，扩大档案保护行业标准影响力。借助在线咨询平台，为档案保护行业标准提供相应技术咨询与技术指导帮助，对标准中所涉及的技术疑惑提供及时的解答。利用新媒体平台加强不同级别的档案机构之间的互动沟通，分享档案保护行业标准在实际工作中运用的经验，及时反馈标准施行过程中的问题，为标准修订提供意见和建议。

2. 丰富档案保护行业标准宣传交流活动

通过组织丰富的档案保护行业标准宣传活动，做好档案保护行业标准解读与推广工作。

（1）加强与专业出版社、著名期刊相互合作。在中国标准出版社、中国档案报、档案学研究等著名出版社和报刊，刊发最新档案保护行业标准的解读和研究，举办相关学术研讨会议。

（2）开展档案保护工作标准化成果展览。如纸质档案数字化成果展览，声像档案数字化修复成果展览等，宣传在档案保护行业标准指导下档案保护工作的高质量、标准化应用成果，进而加强档案保护行业标准推广力度。

第四节　档案保存场所的管理控制

一、档案库房建筑与设备

档案库房建筑与设备是改善档案保护环境的物质条件。库房建筑是否符合要求、设备是否合理，将直接关系到档案保护环境的好坏。因此，档案库房建筑与设备是档案保护学的重要内容之一。

（一）档案库房建筑

档案库房是保存档案的重要基地，随着档案室（馆）馆藏数量的不断增加，以及改善档案保护条件的需要，各地都在兴建新的档案库房。如何在有限的投资条件下，建造出比较理想、基本符合档案保护要求的库房，是建库中需要解决的重大问题。

库房建筑在档案保护中具有特殊重要的地位，原因在于两方面：①库房建筑是档案保护技术中长期起作用的因素；②库房建筑的好坏将直接影响到库房管理措施的繁简、效果和费用。档案库房建筑地址的选择是一个既重要又复杂的问题。

第一，防水、防潮。根据档案库房防水、防潮的要求，库房地址不应选在靠近江河湖泊或地势低洼的地方，以防水患。另外，库房地址不应选在地下水位高的地方，以免地下水通过库房地面影响库内，使库房潮湿。

第二，避免有害气体及灰尘。为了避免有害气体及灰尘对档案的不利影响，库房地址不应选在靠近工矿企业的工业区，也不应在其下风处。因为有害气体及灰尘主要来自燃料的燃烧和工业生产过程中的排气排尘。因此，工业区的空气污染一般都是比较严重的。

选址时应取得周围环境的监测数据，证明该地区无大气污染的情况。若没有现成数据，可请环保部门进行大气监测。

选址时还应向城建部门了解情况，以保证在周围一定的距离内，目前和远景建设规划中都不会有产生大量有害气体及灰尘的工矿企业。

第三，安全与防火要求。为了确保档案的安全与防火的要求，选择地址时应注意周围环境，不宜选在城市繁华的中心区。库房建筑应与其他建筑保持一定的距离，并且不应暴露在临街的位置上。目前，有的新建库房不仅处在城市的主要街道旁，而且临街的一面开有较大的玻璃窗，这是很不安全的。

第四，注意交通方便。为了便于利用，库房地址最好不要选在远离城市的地方，且应注意交通方便。过去出于战备的考虑，有些档案室（馆）建在远离城市几十公里的郊区，实践证明这样不仅使利用档案十分不便，而且也给工作生活带来一定困难，即使从战备考虑，上述做法也不一定能保证安全。目前有些档案室（馆）在新建库房时改在市区，设置一层、二层地下库，并与人防工程接通，必要时档案可通过人防工程转移出去。这样既注意了战备，又方便了利用。

第五，留有扩建空地。从档案室（馆）长远发展考虑，由于不断接收档案进馆，库址周围要留有以后能扩建库房的空地。

（二）档案库房设备

以空气调节装置为例，空气调节装置是使档案库房取得符合保护要求的气候条件的理想设备。空气调节的目的是使室内空气的温度、湿度、洁净度和流动速度符合一定的要求。

第一，空气的加热。在空调系统中加热空气大都是使空气在空气处理室内流过加热器而实现的。加热器的热媒为蒸汽或热水，在电能便宜、需要局部加热和自动控制的场合也可采用电加热器。

第二，空气的冷却。在空气调节中，空气的冷却处理过程用得较多，尤其是我国南方地区，这不仅是空调技术的重要问题，还与空调设备及运行费用的关系极大。

冷却空气的冷源有天然冷源（深井水等）和人工冷源（制冷设备）两种。冷却空气的方法有以下三种：喷水室处理空气、水冷式表面冷却器冷却空气、直接蒸发式冷却器冷却空气。

第三，空气的加湿。调节空气的湿度是空气调节的任务之一。例如，在干燥季节对空气进行加湿处理；在潮湿季节、潮湿地区和地下建筑等，又要求对空气进行减湿处理。

空气的加湿可以在空气处理室对送入空调房间的空气集中加湿，也可以对空调房间内部的空气直接进行加湿，即局部补充加湿。

给空气加湿方法很多，除喷水加湿外，还有喷雾加湿、蒸汽加湿以及水表面自然蒸发加湿等。其加湿原理，或是由水吸收空气中的热量而蒸发加湿，或是利用外界热源产生的蒸汽混入空气来加湿。

（4）空气的减湿。空气减湿的方法很多，需要有选择地使用，如液体吸湿剂减湿、固体吸湿剂减湿、冷冻除湿剂减湿、升温减湿和通风减湿。

（5）空气的净化。一般说来，空气调节工程的主要矛盾是空气的湿度处理与调节。由于处理空气的来源是新风和回风的混合空气，而新风受室外环境中灰尘的污染，室内空气因人的活动等发生污染，所以空气调节系统中一般除温湿度处理外，还应设有净化处理。

二、档案库房的管理内容

库房管理同库房建筑一样，是档案保管工作的主要内容和经常任务，是档案工作的基本建设内容之一。库房管理的任务包括：①档案秩序管理、存放位置与排列顺序；②库房温、湿度调节与卫生保洁；③档案出入库房控制；④档案理化状态监测；⑤库房保卫。

（一）库房编号和排架

库房统一编号有利于库房的科学管理。库房编号有两种方法：一是为所有的库房编一总的顺序号，编顺序号适合库房较少的档案室（馆）；二是根据库房所在地的方位及库房建筑的特征进行分区编号，如"东一楼""灰二楼""红三楼"。楼房可以编层号，每层房间从左向右顺序编号；平房应先分开院、排，然后自左而右统一编顺序号。

库房中的档案架（柜）箱等装具应该排列有序，统一编号。不同规格、不同式样的档案架（柜）箱应该分开排列，尽量做到整齐划一。档案架（柜）、箱的排列应注意充分利用库房的地面和空间，同时要便于档案的搬运和取放，不宜太松或太紧。采用固定式档案架，架（柜）子之间主要过道的宽度应便于手推车的通行。固定档案架（柜）架间通道比装具占地多，通道经常闲置是很大的浪费。为了挖掘通道面积的潜力，可以采用活动式密集架。当需要进入某排架间时，只要离开相连的架车，在该处即闪出一条通道来。

库房内档案架（柜）箱的排列要避开强烈光线直射，同时注意勿使档案柜、架的排列有碍通风。为了便于对库房内档案的管理和利用，所有档案架（柜）应统一编号。

（二）全宗的排列与档案的上架

在档案室（馆），档案是以全宗为单位进行排列的。档案应按全宗进行排列，并不是说在任何情况下每一个全宗的全部档案都必须放在一起。在某些特殊情况下，各种不同类型的档案，如影片、照片、录音档案、技术图纸以及会计档案等，可以分别保管，但应在全宗指南、案卷目录说明中有所交代，并在全宗末尾放置参见卡片，指明存放地点，以保持应有的联系。

全宗的排列基本上依照进馆档案的先后顺序，但在同时进馆档案当中应力求按同系统的全宗排列。

全宗位置确定以后，就可以组织上架。上架的次序应根据档案架（柜）箱以及栏、格的编号次序进行。目前，档案室（馆）采用较多的还是分类排架，这种排列方法便于按档案全宗、类别检索，缺点是分类货架费时费力，而且事先预留空位很难做到准确。为了克服这些弊病，有些档案室（馆）采用"流水排架法"，即按档案进馆顺序流水排列。为了解决查找、利用问题，可以编制各种检索工具与存放地点索引，从不同角度满足档案利用者的各种要求。

存放方式可以采用竖放与平放两种方式。竖放是目前采用比较广泛的一种方式，它的优点是便于存放和检索档案。平放的方法虽然取放不太方便，但对保护档案是有利的。这种方法适合保管珍贵档案和不宜竖放的档案。平放档案时为了避免档案承担过重的压力，堆叠的高度以不超过 40 厘米为宜。

（三）档案代理卡

在档案室（馆）的内部工作中，有时需要将库房中已排架分类的档案暂时移出库外。为了便于库房管理，工作人员要掌握档案流动情况，做好安全检查工作，填制一种卡片放在档案原来存放的位置上，这就是通常所说的"代理卡"或"代卷（件）卡"。有时用较醒目的红、黄、绿、蓝等颜色的卡片以示区别。其主要项目有：全宗号、案卷目录号、卷号、移出日期、移往何处、经手人、归还日期、签收人等。

档案代理卡是一种简便适用的管理工具。如果案卷经常调出或归还，不用代理卡则往往会出现虽能在案卷目录上查出，到架上提取案卷时却没有案卷的情况，库房管理人员也会因不知是丢失还是借出而心中无数。

（四）全宗卷

它是档案室（馆）在管理某一全宗过程中形成的，能够说明该全宗历史情况的各种文件材料所组成的专门案卷。档案室（馆）对其保管的每一个全宗（至少是较重要的全宗）应该建立全宗卷。档案馆（室）在管理某一全宗过程中产生的与该全宗历史有关的文件材料，对管理、考查和利用该全宗的档案具有凭证与参考作用。尤其对于档案库房管理来说，不会因为工作人员的变动而失去了继续工作的条件。恰恰相反，在档案工作人员变动的情况下，可以通过全宗卷了解过去管理该全宗的历史情况，以缩短熟悉工作情况与档案情况的时间，进一步提高工作效率。全宗卷通常包括：

第一，在收集工作中产生的文件材料，如档案移交书和移交目录。

第二，在档案管理工作中形成的文件材料，如"整理工作方案""立档单位和全宗历史考证""类型划分方案"。

第三，在档案鉴定中产生的文件材料，如"鉴定档案材料分析报告""档案销毁清册"等。

第四，在档案保管、统计工作中形成的文件材料，如"档案安全检查记录""档案数量与状况统计"等。

第五，在档案提供利用工作中所形成的文件材料，如，"全宗指南""机关工作大事记""机关组织沿革"。

全宗卷的建立是一个由少到多、由简到繁、不断积累、逐步完善的过程。全宗卷不宜像一般案卷那样用卷皮装订起来，只宜用活页夹或以盒、袋形式保存起来，这有利于全宗卷文件材料的不断补充和整理、鉴定工作的进行。全宗卷内的材料积累到一定程度时应该进行清理。如果文件数量很多，也可以陆续分成若干卷。每个全宗的全宗卷可按全宗号进行排列和专柜保管，也可置于每个全宗排列的卷首，以专柜分别保管较为适宜。

三、档案库房的防光及防有害气体与灰尘

（一）档案库房的防光

1. 光对档案制成材料耐久性的影响

光是影响档案制成材料耐久性的因素之一，它不仅会使档案纸张材料强度下降，而且会使档案字迹发生褪色。各种纤维素经过阳光一段时间的照射后，其机械强度都会比原来降低50%。档案字迹材料，特别是以有机染料为色素的字迹材料，在一定时间的光照后都会发生不同程度的褪色。

光对档案制成材料耐久性的影响表现在三方面。

（1）光辐射热。光具有能量，当其向外辐射时会产生热效应，可见光与红外线热效应较大，被称为热射线。这种光辐射热会影响档案制成材料的耐久性。耐热性差的字迹也会因辐射热的影响而发生褪色、扩散等现象。

（2）光氧化。聚合物在含氧的环境中受到光的照射时，就会发生光氧化反应，经常引起聚合物的断链或交联。档案纸张材料中的纤维素发生光氧化反应时，会产生氧化降解，变为易碎的氧化纤维素，从而影响纸张的强度和耐久性。字迹材料在光氧化作用下也会产生褪色现象。

（3）光能的破坏作用。光是具有一定能量的，不同物质在一定能量的光的照射下会引起化学变化，以致遭到破坏。紫外线波长短而能量最大，足以使档案制成材料遭到破坏。它不仅具有使档案纸张材料中纤维素的碳键断裂的能量（58.6千卡/克分子），而且具有使纤维素线性链断裂的能量（80千卡/克分子）。由于紫外线能量大，会使档案字迹材料色素成分中的发色团遭到破坏，从而引起褪色，因此档案库房防光的重点是防紫外线。

2. 防光的措施

为了防止或减少光对档案制成材料的破坏作用，一般可采取以下措施：

（1）为了防止阳光的直接照射，库房的窗子要少，东西向不宜开窗，南北向的窗子要小而窄。在窗上可采取遮阳措施，以太阳光不能直接照射在档案架上为宜。

（2）为了防止或减少漫射（散射）光中的紫外线进入库内，在库房窗玻璃上应采取如下措施：

第一，在库房窗子上加设窗帘或百叶窗，可以减少紫外线的透入。也可在库房窗子上设置木板窗或铁皮窗，当库内无须使用自然光源时，可将木板窗或铁皮窗关上，以防止紫外线的透过。

第二，库房窗子使用磨砂玻璃、花纹玻璃等，因其表面粗糙不平，对光线可产生重复反射，从而减少了透过量。也可使用有色玻璃，不同颜色的玻璃对可见光中的各种颜色光的透过情况不同，如红色玻璃可以透过可见光中波长较长的红光，而对波长较短的蓝紫光具有吸收作用。一般以用红、绿、黄色玻璃为宜。另外，以白铅粉和桐油相混合（2∶1），用汽油稀释涂在玻璃上，也可过滤掉一部分紫外线。

第三，在库房窗玻璃上涂刷紫外线吸收剂能取得更为理想的效果。紫外线吸收剂的作用相当于一个紫外线滤光片，能把大部分紫外线都过滤掉。紫外线吸收剂首先应具有足够的光稳定性，其次要对有机物最有害的波长范围内（一般为300~400纳米）的光具有较强的吸收能力。这样只要有很小的用量，就能起到足够的光稳定作用。另外，紫外线吸收剂完全可以透过可见光，不影响库内采光。

从化学结构特征来说，紫外线吸收剂有邻-羟基二苯甲酮类、邻-羟基苯并三唑类等。

（3）为了防止或减少人工光源中的紫外线，库内使用人工光源时，以用白炽灯即普通的钨丝灯泡为好，不宜使用日光灯，因为日光灯发射出的紫外线比白炽灯多。

白炽灯发出的可见光成分中，长波光谱强，短波光谱弱，与天然光相比差别较大，呈红色。因此，相对来说紫外线所占比例较小。库房人工光源如用日光灯，应有一定的防护措施，可用含有紫外线吸收剂的薄膜把整个管子包裹起来。

（二）防有害气体与灰尘

空气中的有害气体和灰尘是影响档案"寿命"的因素之一。虽然它对档案制成材料的破坏作用在一般情况下是比较缓慢的，不易被人们所察觉，但它确实每时每刻都在影响档案制成材料的耐久性。有害气体与灰尘和大气的洁净程度有关，随着工业的发展，在城市中大气污染问题日益严重，有害气体与灰尘对档案制成材料的不利影响也日趋突出。因此，防有害气体与灰尘也是改善档案保护条件、延长档案寿命的一项重要措施。

1. 有害气体的来源及对档案制成材料耐久性的影响

空气正常成分以外的气体状污染物质被称为其他气体成分或不纯部分，其中危害性大的气体污染物质被称为有害气体。纸张是多孔的物质，它的孔洞以及纸张之间都有空气。在大气压力变换的情况下，纸张内的空气也在不断变换。这时，有害气体也会进入纸张而被其吸收。有害气体会从浓度较高的地方移向浓度较低的地方，由于纸张能迅速吸收有害气体，而使纸张表面上的有害气体量等于零，因此有害气体便不断地移向纸张。单位时间内有害气体的移动量与移动的面积和单位长度（1厘米）内有害气体的浓度差成正比。

酸性有害气体被纸张吸附后，与纸张中的水分作用生成酸，进而使档案纸张材料的酸度增加。酸是促使纸张中纤维素水解的催化剂，其含量的增加会使档案纸张材料强度下降，耐久性降低。同时，还会使耐酸性较差的字迹材料（如复写字迹等）发生不同程度的褪色。

氧化性有害气体所产生的初生态氧或臭氧都是氧化剂，会使档案纸张材料中的纤维素被氧化而强度下降，进而降低其耐久性。一些字迹材料中的色素也会因被氧化而发生褪色。

2. 灰尘的来源及对档案制成材料耐久性的影响

灰尘也是空气中的一种有害杂质，灰尘是一种固体杂质，它的形状是不规则的，多是带有棱角的粉粒。在整理、保存、利用档案的过程中，随着移动和翻阅，就会引起落在档案上的灰尘颗粒对档案纸张的摩擦，使档案纸张材料受到损坏。同时，纸张表面摩擦起毛后，也会影响字迹的清晰度，一些牢固性差的字迹（如铅笔字迹）则更易被磨擦掉。

灰尘一般都能吸附空气中的化学杂质而带有酸、碱性，有些灰尘本身就带有酸、碱性。因此，灰尘落在档案上，就会给档案带来酸或碱，从而对纸张和字迹产生破坏作用，当库房潮湿且纸张含水量大时更甚。

灰尘会脏污档案。灰尘多是一些带有颜色的细小颗粒，落在档案上，就会使档案的纸张逐渐变为灰色，严重时会影响字迹的清晰度。

灰尘是霉菌孢子的传播者和微生物寄生和繁殖的掩护所，霉菌孢子能附着在灰尘上到处传播。

（三）防有害气体与灰尘的措施

第一，正确选择档案库房的地址。正确选择档案库房的地址是防有害气体与灰尘的经济而有效的办法。档案库房的地址应该选择在不产生大量有害气体与灰尘的地区，不要把库址选在工业区、大居民点或繁华的街道上。档案库房应建于这些地区的上风处，可大大减少有害气体与灰尘的影响。

第二，档案库房要密闭。档案存放可采取密封的或相对多层密封的方法，如用档案柜、档案箱、档案盒等，以减少有害气体，特别是灰尘对档案的破坏。国外也有用塑料薄膜密封保存档案的。

第三，绿化植物对环境保护有着积极的作用。对档案库房周围进行绿化，可以减少有害气体和灰尘对库房的影响。绿化植物可以吸收有害气体。因此，植物吸收二氧化硫的能力也比其所占的土地面积的吸收能力大得多。

植物，特别是树木，对灰尘有明显的阻挡、过滤和吸附作用。树木的减尘作用表现在两方面：一方面树木的枝冠茂密，具有强大的减低风速的作用，随着风速的降低，空气中携带的大粒灰尘就会下降；另一方面叶子表面不平，有些植物叶面表面多褶皱，有的树叶表面粗糙，有的树叶表面有绒毛，还有的树叶能分泌油脂等，这些特征都有利于阻挡、吸附和黏着灰尘。花卉和草皮也有一定的吸收有害气体和滞尘作用。因此，植物是大气的天然净化器和过滤器。

第四，净化与过滤灰尘与有害气体。使用空调装置净化和过滤灰尘与有害气体，一般能收到较理想的效果。这是使空气通过过滤器而实现的。

第五，防止库房建筑内表面起尘。库房应选用质地坚硬耐磨、光滑易清洗的材料做围护结构的面层，以防建筑内表面起尘。这样做会使建筑投资增加，应根据条件，因地制宜采取适当措施。目前有些档案部门采用高分子有机涂料，喷刷库房地面或墙壁，这种方法比较经济，可以收到一定的效果。

第六，档案材料入库前应进行除尘处理。进入库房的工作人员应换工作服和拖鞋，必要时可在库房的入口处加设吹淋室（专门的"风浴"设备），用以吹除进入库房的人员和档案材料表面附着的灰尘。此外，经常做好库房清洁卫生工作，也能有效地降低库内的含尘量。

第六章 档案管理人员的能力培养

第一节　档案人员的胜任力构建

　　馆员是档案与档案利用者之间的桥梁，馆员的能力素质决定了服务的能力，优质人力资源的占有量逐渐成为衡量一个组织的重要指标。基于胜任力的人力资源管理更加注重馆员的全方位发展，对馆员的岗位胜任要素提出了更高的要求，怎样激发馆员的工作激情和积极性，提升馆员自身的工作能力和档案室（馆）的综合竞争水平成为管理者面临的首要难题。

　　胜任力理论作为如今各国企业人力资源管理的重要工具有其独到的优势，能为档案工作人员工作分析、人员招聘、培训、绩效管理和晋升等方面提供强有力的依据，能使每位员工都能更好地与岗位匹配和发展，从而为档案事业的发展做贡献。

　　"新时代档案种类和来源的多样化，对档案工作者胜任力提出了更高的要求。"构建档案室（馆）工作人员胜任力模型符合时代发展的潮流，且对完善档案室（馆）人力资源管理有重要的意义。人力资源管理的各个环节包括人员选拔、培训、绩效考核、薪酬与福利等，其中，根据胜任力模型的特点和其他领域的应用经验，结合体制框架，该模型主要可以在档案人员选拔、人员培训发展及考核方面发挥一定的作用。

一、档案人员选拔

　　档案工作人员选拔作为人力资源管理环节的前置步骤，可以说为之后的各个环节打下了基础。招聘过程中除了对应聘者知识、技能等显性要素进行考察，还要结合岗位胜任模型对应聘者的一些隐性要素进行甄别，从而录用胜任要素匹配度高的人，降低后期培训的投入。招聘过程中要引入竞争机制，本着公平、公正、公开的原则，合理配置年龄结构、学历结构和性别结构。

　　第一，开发笔试样本。通常档案室（馆）招聘工作人员的第一环节就是笔试，在笔试环节可以着重考察求职者有关知识和技能方面的掌握程度。

　　第二，心理测评内容。此环节主要是为了筛选出具备良好动机，个人性格和价值取向适合档案工作的候选人。现今大部分的公司都十分重视心理测评环节，并且把这个招聘环节放在笔试之后，面试之前。档案室（馆）在招聘上其实是有一定自主能动性的，可以考虑添加发放心理测评问卷环节，从而考察应聘者胜任力的"隐形特征"。

档案室（馆）可以组合利用市面上已经成熟的测评工具，比如 MBTI 试题、霍兰德职业兴趣测验、生活特性问卷等。或者结合自身需求和胜任力模型要素，开发适合自己的心理测评问卷。

第三，面试问题题库。通常档案室（馆）的面试环节是比较重要的环节。结合胜任力模型，档案室（馆）可以开发属于自己的常用胜任力要素面试题库，然后根据当年的招聘岗位需求匹配合适的面试题。

二、人员培训发展及考核

档案工作人员胜任力模型的产生可以推动档案人员不断反思自我、完善自我，以及所在档案机构对其制订较为明晰的发展计划，进行更有针对性的考核和培训。

第一，人员培训。培训是人力资源管理的核心环节，档案室（馆）为其员工提供培训的目的是为了通过培训手段，提升员工对档案工作的职责和任务的了解，从而满足岗位胜任力的要求。培训需求包括档案机构自身与档案工作人员本身。短期的培训只能对馆员的知识和技能等显性特征加以提升，但深层次的自我个性、特征及动机还得通过长期的培训熏陶才能有影响，所以管理者应该综合考虑档案室（馆）的发展规划及馆员个人的职业生涯规划制订长期有针对性的培训计划；培训过程中及结束后都要对培训效果进行及时评估考核，以确保达到想要的培训效果。

第二，绩效考核。绩效的考核实施应该是一个连续的过程，只有在日常业务活动中也重视绩效的记录，才能更大限度地提升馆员们的工作效率。考核不应该仅限于每年一次的评定，而是应该注重档案工作人员的日常行为和工作态度，结合内部和外部评定，才能给出一个相对公平的考核结果，这样有利于提高档案工作人员平日的工作积极性，有力推动档案机构的工作进展。

健康的绩效考核应该是一个能及时根据反馈进行不断调整完善的机制，考核内容及其重点，需要根据档案机构的实际情况和需求进行一定程度的调整；对档案工作人员的考核结果，需要及时反馈给个人，这样才能让其明确工作方向，坚定工作目标，学习优秀绩效者的工作态度和行为，从而不断提升工作水平。在下次的考核中，能取得更好的考核结果，得到进一步提升的方向。只有完成这样的良性循环，绩效考核才能充分发挥其存在的意义，提升档案机构的整体工作水平。

三、档案工作人员胜任力的提升保障

档案工作人员胜任力模型的构建并不只存在于技术层面，还需要制度、人员、资金方面的配合，才能在适合的环境内发挥其最大的效用。

（一）制度保障

建立基于胜任力模型的人力资源管理体系，在工作人员选拔和培养发展、绩效考核上，都充分认识到胜任力模型能发挥的作用。

档案室（馆）的领导决策层，应该及时联系档案室（馆）有关人员，召开研讨会或者其他类型会议，对胜任力模型能在该档案室（馆）所发挥的作用进行讨论和假设，在论证该档案室（馆）确实有开发胜任力模型的必要的前提下，进一步讨论如何才能建立起科学合理的规章制度来保障模型的构建与推广应用，让各个工作者都能更快地理解胜任力模型，并且认识到这是有利于自身的发展和工作的提升的。

相关的制度内容可以具备以下几个内容：

第一，介绍胜任力模型在馆内的工作各个环节的应用。比如在人员聘用环节，制定正式的文件，文件中根据胜任力要素来详细说明招聘人员要求。

第二，说明胜任力模型不是一成不变的，它的构建和完善需要各部门科室的配合来进行。上至馆长，下至兼职档案员，都可以是模型构建和应用的参与者。为了推动其发展，鼓励各部门的沟通和协作。

第三，对资金的使用，人员的管理都需要有成文的规定，应建立起监督机制。

（二）资金保障

各个档案室（馆）构建胜任力模型是需要一定的资金支持的，并不是各个档案机构都适合在本阶段开发胜任力模型。

在构建胜任力模型的过程中，可能会涉及专家咨询费用，各项会议与研讨费用、差旅费用等，如果本馆内没有经验丰富的善访谈者，在资金充足的情况下，还需要聘请专门的人员或者团队去完成行为事件访谈或关键事件访谈的过程。对相关数据的分析还可能涉及相关分析工具的使用费用。若统一将构建模型的项目外包则更需要有一定资金的支持。

模型构建完成后也不是一劳永逸的。随着大环境的变化和档案工作的推进，随时需要对胜任力模型进行更新和改进，档案室（馆）需要有比较完备合理的资金使用机制。

（三）人才保障

人才是档案机构最重要的资源之一。首先，胜任力模型是针对一定规模的组织和人员开发的。其次，胜任力模型的开发过程是由相应的人员组织并参与的。

档案室（馆）如果有人力资源管理背景和经验的人才，则可以省去一大笔的聘用外部专家的费用。建模涉及一系列信息收集、信息处理、信息总结的内容，各类调研方法的应用（包括问卷的设计与分析、访谈的设计与记录、专家的征询和研讨等）。必须有专门的建模小组去负责这一系列的活动，而小组成员会是从各个部门中选出的善于沟通与协调和处理复杂问题的人才。不仅如此，模型开发所要研究的对象也是馆内的工作人员，被访者需要有清晰的思辨能力和语言表达能力，才能更快地推动胜任力要素的采集过程。

第二节　档案人员的人才培养模式

档案人才是指具有一定档案学专业知识或专门技能，进行创造性劳动并对社会做出贡献的人，是档案人力资源中能力和素质较高的劳动者。档案学专业创新人才是以促进档案学专业人才的全面发展为基础，以尊重档案学专业人才的个性发展为前提，以宽厚的知识基础、合理的知识结构、具有良好的心理素质、道德素质、创新意识、创新思维和信息素养等综合素质，以及实践应用能力、沟通能力和自主学习能力等核心能力为主要要素的信息资源管理综合性人才。档案人才培养模式是指高校和企业双重培养条件下为实现企业档案人才专业能力适应数智时代的发展要求而选择或构思的培养、培训或其他有助于提高企业档案人才专业能力水平的教育、教学样式。

一、档案人才培养模式的构建

社会发展和档案事业的发展对档案人才的需求是档案学专业人才培养的基本出发点。在生态系统理论和组织职业生涯管理理论的指引下，结合档案人才专业能力的构成内容，构建档案人才培养模式。

（一）档案人才培养模式的构建思路

档案人才培养模式的构建需要经过以下过程：

第一，高校层面系统性的档案专业知识培养。

第二，设定专业人才培养目标，完善课程培养体系和教学内容，改革教学方法，培养高水平师资队伍。

第三，企业层面针对性的档案专业能力培训。

第四，在职培训、行业培训、继续教育、内部专业提升活动、行业及学术会议。

第五，校企联合层面提升性的档案专业知识及专业能力培养。

提出总体目标、共建师资队伍、共建平台、共享专业教学资源库、共建创新创业基地。以校企协同育人为理念，摒弃以往只强调高校单独培养或企业单独培养的档案人才培养模式，提出了应由高校前端人才培养作为企业档案人才培养的基础，企业后端人才培训作为高校人才培养的拓展，校企联合培养作为人才培养的主要方式。综合考虑了不同子系统人才培养的主要途径，强调多途径同时发挥作用，结合企业档案人才专业能力的构成内容，共同构建档案人才培养模式。

（二）档案人才培养模式的确定

1. 高校层面的档案人才培养子系统

（1）制定专业人才培养目标。高校档案学专业人才培养目标设置的出发点，在于社会发展和档案事业进步对档案人才的需求，不同的需求决定了档案学专业人才培养的不同目标。

第一，可以培养知识体系结构相对完备的档案人才为目标。数智时代档案专业人才不仅要有系统性、全面性的档案学专业知识，同时还需要具备计算机科学、信息管理学、社会学、文化学和心理学等相关学科的知识。

第二，可以培养核心能力和数智能力双强的档案人才为目标。档案学专业的实践性特征要求档案专业人才具备较强的核心能力和数智能力，较强的核心能力和数智能力可以为创新能力作用的发挥积攒实践经验。

第三，可以培养复合型人才为目标。社会的发展轨迹表明社会各行各业之间的壁垒逐渐被打破，多学科交叉融合发展将越来越呈现出较强的发展趋势，为适应社会的发展需求，高校有必要以复合型人才的培养为目标，培养出一批复合型档案管理人才。

（2）改革课程培养体系和教学内容。作为一门应用性很强的管理类学科，高校档案学人才培养要关注课程培养体系和教学内容的改革。

第一，课程培养体系的改革。对于课程培养体系改革方面，关键环节是要求高校能够针对学生专业能力培养的具体要求，构建出一个较完备的实践教学体系及运行方式。为了提高企业档案人才的核心能力，高校应该：①树立教育价值观念。②形成培养目标。档案学专业人才应该是一种兼具基础理论知识与现代管理知识、兼具信息技术与档案管理专业技能的，能够在各级各类企业从事文档管理、信息管理的应用型人才。③确定培养课程。与核心能力相匹配的课程设置应该包括档案学原理、档案管理、档案信息资源开发利用、档案保护技术、电子文件管理、中外档案事业发展与建设等方面的知识，以及文件管理系统设计、数字档案室（馆）建设、历史档案管理等课程。④明确培养形式。培养形式主要分为传统讲课教学和实践教学，实践教学又包括课内实践教学、集中实践教学和课外实践教学。

第二，教学内容的改革。教学内容改革方面，为了提高企业档案人才的核心能力，高校应该：①改革教学方法。以职业生涯管理理论为指导，以长远的目光，从学生职业生涯的全流程出发，全面改革课程内容，尤其注重实验性课程、实验性教学方法的改革，加强实验课程的管理和建设。②注重监督与管理。依托社会资源，搭建广泛的实习网络，注重学生学习与实践过程的监督与管理。③开展联合培养。高校可以与企业等用人单位合作，开展学生核心能力及数智能力的联合培养。

（3）创新教育教学方法。高校可以从授课方式、专业实习、专业考察、参与竞赛及项目等方面着手，创新教育教学方法。在提升学生核心能力方面：①改变授课方式。除了传统的讲授法之外，还应该配合其他的授课方式，比如讨论法、课堂展示法、实验法等多种形式的授课方式，使教师深入浅出地授予专业知识，学生轻而易举地掌握专业知识。②组织专业实习。高校可以安排学生到各大企业中去实习，给学生一个近距离了解实践工作需求的机会，让学生能够有侧重点地提升自己的专业能力。

（4）建设高水平师资队伍。档案学属于应用性学科，高校档案学专业教师无论是在教学过程中还是在科研活动中都有必要与实际工作情况结合起来；同时，档案学专业具有较强的交叉学科属性，档案学专业涉及的学科知识内容丰富、类型多样，涉及历史学、管理学、统计学、计算机科学、生物学等多个学科的专业知识。基于此，高校在构建师资队伍方面，一方面要注意放宽眼界，不能仅仅局限于档案学专业本身，而是应该加强对相关专业领域专业人才的吸收，以满足档案学交叉学科研究的需要和复合型人才培养的需要。另一方面，高校可以从企业聘请具有一定扎实专业理论知识和丰富实践经验的技术能手承担教学任务，将行业中的最新发展动态、实践经验及最新技术应用实践以及良好的职业道德素养和专业素养传授给学生。

2. 企业层面的档案人才培养子系统

（1）线上教育与线下实训相结合的在职培训。我国档案学专业人才培养主要是通过四年制本科教育的途径，这种模式培养出来的档案人才一般具有较高的专业理论知识和专业素养。在提升企业档案人才核心能力方面，企业可以根据员工原有的知识结构和发展潜力，在充分考虑员工意见的基础上，安排专业人员为员工量身定制职业生涯发展规划，然后提供有针对性的培训。

在提升企业档案人才数智能力方面，企业首先可以定期组织专技提升培训。首先，可以在培训课程中加入诸如大数据挖掘与分析、多媒体技术的运用、Python 语言设计等与提高档案人才大数据及人工智能技术认知水平相关的内容；其次，提供实践机会，并安排经验丰富的员工跟随指导。

（2）档案工作人员协会开展的行业培训。企业档案部门越来越重视员工的培训工作，有条件的企业每年还会组织相应的业务及技能培训活动。为提升企业档案人才的核心能力及数智能力，企业行业培训可以从培训方法、课程内容设计、培训课程设置等方面着手进行。

第一，在培训方法方面，企业在寻求行业协会培训时，要先在全公司范围内对档案人员进行摸底，理清档案人员的专业背景、业务素质、知识储备等与档案人才专业能力需求之间的差距，然后可以采取分期、分批、分层的方式，有针对性地展开培训工作。

第二，在课程内容设计及培训课程设置上，实际操作中，企业应该做到统筹规划，从顶层设计的角度出发做好中长期的人才发展计划，让档案人才的专业能力紧跟时代发展的步伐。

（3）知识与技能提升的继续教育。企业可以通过开展职业技能与知识提升活动来提高企业档案人才的专业能力，助力企业经济高质量发展。继续教育相比在职培训和行业培训，显得尤为重要。继续教育作为个人终身学习的重要方式之一，可以使员工个人对自身的职业规划做进一步的思考。员工个人也可以从继续教育中取得收获，并因此满足自身对未来的职业发展的需求，提升自己的就业动力。继续教育作为个人能力提升计划，主要发挥其提升企业档案人才核心能力的作用。因此，企业可以为企业档案人才提供继续教育的机会，让员工通过继续教育来提升自己的核心能力、实现自己的人生价值。

（4）内部专业能力提升活动。为全面提高企业档案管理人才的专业能力，保证企业档案管理工作效能的最大化，企业还可以通过定期开展内部专业能力提升活动来提高企业档案人才的专业能力。企业内部专业能力提升活动主要在于提升企业档案人才的核心能力。在提升企业档案人才的核心能力方面，企业可以做到：

第一，开展每周一次的企业内部培训。比如，邀请企业各部门中经验丰富的工作人员开展培训讲座，打破专业的界限，完善档案专业人才的知识体系。

第二，开展每月或每季一次的企业外部培训，即请企业外部的专家、学者开展培训讲座，让企业档案人才深入了解行业的发展现状以及一些新技术、新模式的使用方法。

第三，还可以组织企业档案人才与其他企业档案管理人员进行交流与合作，互相传授经验，共同学习，共同进步。

（5）行业/学术会议。行业会议和学术会议是专业领域研究热点、研究趋势的风向标，是专业领域思维碰撞、技术革新、知识传播的重要平台。参加行业会议及学术会议可以使企业档案人才快速且较为全面地获知行业的最新研究进展。为提升企业档案人才的创新能力，企业应该大力支持并鼓励企业档案人才积极参加行业会议或者学术会议，比如，可以让企业档案人才参加"全国档案工作人员年会"主题论文征文比赛、档案学创新论坛、中国档案学会档案学基础理论年会征文比赛等，依托各种比赛，让企业档案人才持续对工作内容保持饱满的热情和持续的新鲜感，使企业档案人才保持持久的创新意识，提高创新能力。

3. 校企联合培养层面的档案人才培养子系统

校企联合培养层面的档案人才培养子系统主要包括共建总体目标、共建师资、共建平台、共建专业教学资源库四个要素。

（1）共建总体目标。数智时代的档案管理活动已经广泛融入企业的业务管理流程之中，成为企业业务管理流程中不可分割的一部分。企业需要的档案专业人才为复合型和应用型人才，校企联合培养模式下的企业档案人才培养应该以共建专业联合培养应用型、复合型人才为核心，以共建师资、共建平台、共建教学资源库、共建实践基地及共建创新创业基地为主要内容，构建协同创新的"高校—企业"全面战略合作体系，实现合作共赢的共同目标。

（2）共建师资。就高校而言，高校可以为企业档案管理工作提供基础理论支撑和最新的研究成果，也就是说高校可以将最新的理论研究成果和技术研究成果应用到企业档案人才培养的过程中，从源头上加紧档案工作人才规划和布局的基础研究。就企业而言，①可以将自身的专业技术培训资源向高校共享，为高校教师提升自己的专业技术提供培训资源支撑，保证高校教师的知识体系结构和行业最新的发展相同步。②还可以为高校专业教师量身定制培训计划，为高校教师提供强化培训，使高校教师紧跟行业发展趋势，成为能够系统教授专业理论知识、专业技能实战性强、专业知识储备丰富的适应时代发展需求的教师。

（3）共建平台。高校层面可以搭建包括在线教育云平台、快速开发与集成应用平台、人才服务平台等在内的服务平台。此外，还可以根据档案学专业的细化方向和课程体系，选择与之相对应的综合实训管理平台以及专业人才服务平台等。这可以为企业进行档案人才专业能力的培养提供落地的载体和容器，从而使档案人才培养的各个环节与企业开展的各项服务对接，并逐步扩大服务平台的服务范围。

（4）共建专业教学平台。企业档案人才培养团队可以和高校教师团队一起，综合企业前沿的实战案例和先进的专业技术体系及高校深厚的智力资源及扎实的专业理论研究，共同建设校企合作的专业教学资源库。以共建的教学资源库为基础，建立网络化、专业化、职业化三位一体的教学资源知识集群，实现打通课堂教学、教学过程评价、教学效果考评以及职业化训练之间壁垒的目的。企业和高校还可以共同建设产学合作项目，产学合作项目的成果双方共同拥有，利益共同分享。

二、档案人才培养模式的提升策略

(一) 明确培养理念，设定培养目标

形成清晰的培养理念和培养目标是档案人才培养的基础。明确培养理念，设定培养目标，要围绕企业新的发展要求，大力培养综合型、复合型、创新型人才，为企业档案事业发展提供强大的人才支撑。

企业档案部门要坚持以校企协同育人为培养理念。校企协同育人理念的贯彻执行包括三个阶段：

第一，人才培养模式的模块化处理。模块化是指在关照人才培养模式整体性的前提下，对模式进行解构与组合，这种处理方式可以使各个模块在子系统内进行高度的专业化和创新。模块化处理使企业档案人才培养模式的落地过程由难变易。

第二，围绕人才培养模式开展校企合作。高校和企业构建校企合作协同网络，共同搭建平台，重构课程体系和教学内容，制订人才培养方案。

第三，资源共享与吸收利用。比如高校与企业可以通过项目合作实现资源共享来满足自身的需求。

企业要把全方位提高企业档案人才的核心能力、数智能力及创新能力作为整体培养的目标，结合企业档案人才个人的发展需求及职业规划，制定出详细的档案人才个性化培养目标，并通过及时的沟通，使企业档案人才明晰自身的职业发展目标。

(二) 完善管理体系，优化培养过程

高效的管理机构是企业档案人才培养模式施行的组织保障。企业领导层高度重视与关心下，建立以企业档案主管部门为中心，企业档案人才为重点的三级组织管理体系。其中，企业领导层负责企业档案工作的总体规划与管理，包括企业档案管理制度的制定、激励政策的颁布与实施；企业档案主管部门则根据相关的制度与管理办法，督促企业档案人才贯彻执行，以保证企业档案工作的顺利开展；企业档案人才则需要在企业管理层和主管部门的要求下，全面负责企业档案管理与利用的各项工作。

企业档案人才培养的过程就是企业档案人才培养主客体互动的过程，要结合企业的发展需要和档案人才的职业发展需要建立良性的互动关系，积极及时地完善培养主体的知识结构和专业能力，以此来优化人才培养主体的培养过程。

高校层面的人才培养管理，可以设立直接隶属校级领导管理的人才培养部门，专门负责研究和制订人才培养计划，对档案专业人才培养进行总体调配。企业层面档案人才培养

管理可以通过完善人才培养体制机制来实现。另外，还可以通过分析培养客体的共性特征和个性特征，在科学的人才培养目标的指导下，对企业档案人才进行专业方向分流和依据特长的个性化培养。

（三）建立考评机制，注重培养效果

建立考评机制，注重培养效果是人才培养的一个重要环节。企业档案人才培养效果是检验档案人才培养模式的重要环节。企业档案人才培养的效果要经得起实践的考验，并能及时向培养主体反馈培养效果，以促进企业档案人才培养模式的优化。

第一，实行定期考核，包含高校端和企业端两个子系统，应该定期对培养的档案人才进行专业能力的考核，即分别对其核心能力、数智能力、创新能力三个模块进行考核。

第二，量化考核指标。人才培养模式施行情况考核指标的设置，应当定一个可以量化以及纵横分析比较的权重比例，比如根据年初制定的考核目标，执行绩效考评。

第三，制定惩处办法。要考核不合格的档案人才重修课程或者重新参加培训，直至考核合格为准。考评机制的贯彻执行可以为人才培养模式的施行效果提供保障。

此外，企业可以通过与有实力的高校合作，联合共建教学、生产相结合的人才培养基地，以问题为导向，促进产学融合，以校企项目合作为依托，积极推动产学合作，开展多种多样的产学合作实践，以达到检验培养效果的目的。

第三节 档案专业人员的继续教育优化

档案专业人员希望未来继续教育能够满足自身以下方面的需求：①能够满足档案专业人员随时随地学习的需要；②能够采取更加丰富的教学手段，重点加强远程继续教育在档案专业人员继续教育中的应用；③能够设置更加全面、更具前沿性且符合档案专业人员自身工作需要的课程内容；④提供更加强大的师资力量。为适应时代的发展，档案专业人员需要具备更加全面的素质，因此，档案专业人员继续教育的内容也应进行扩展。

一、内容的全面化

（一）公需科目相关内容

公需科目是指国家、省市统一要求全体专业技术人员应该掌握的通用知识和技能，公需科目具体内容包括政治理论、法律法规、职业道德、信息技术等，下面对继续教育公需

科目进行简单介绍:

第一,政治理论方面的内容。开展政治理论教育的目的是使档案专业人员把握正确的政治方向。随着时代的进步,中国共产党领导下的中华民族与时俱进,作为人民中的一员,档案专业人员的政治思想也应与时俱进。同时,档案工作的特殊性更加要求,未来的档案专业人员应当是政治理论丰富、政治立场坚定的职业档案人。因此,政治理论的学习必不可少。

第二,法律法规方面的内容。思想是行为的先导,而法律则是有绝对强制力的健全的"思想秩序"。档案专业人员应掌握相关的法律法规,以规范自身行为,划定思想的底线,同时,也应学会利用法律捍卫自己的权利。档案专业人员必须具备普通公民应当具备的基本法律素养。因此,档案专业人员继续教育应当强化档案专业人员对宪法以及立法机关通过的除宪法以外的其他法律的学习。

第三,职业道德方面的内容。职业道德是指从业人员在职业活动中应该遵循的行为准则。职业道德是社会道德的重要组成部分,职业道德内化于心,对档案专业人员的思想产生正向的引导作用,从而规范其行为。德才兼备是现代工作者应普遍具有的素质,而工匠精神则应当是现代工作者努力追求的职业道德精髓。因此,对于现代工作者来说,职业道德教育不可或缺,在继续教育公需课程的设置中,与职业道德相关的课程理应占据一席之地。

第四,信息技术方面的内容。人们通过计算机和互联网不断进行着各种形式的信息交换,"互联网+"也在政府、高校、企业等各个单位普遍应用,日新月异的信息技术对现代工作者的知识、技能更新产生巨大推动力,不懂信息技术,在未来的职业道路上将寸步难行。信息技术作为对各行各业的专业人员继续教育的一环,在内容选择上既不能仅设计信息技术基础理论,也不能过分追求高精尖的信息教育,应适当凸显其实用性和普适性,以便工作者将学到的信息技术与实际工作相结合。

(二) 多学科内容融合

建设学习型社会,促进人的全面发展,档案专业人员在从事档案工作时,也无法割裂档案专业与其他专业的联系。例如:电子档案管理离不开信息技术的支持,大部分档案编研工作需要专业人员具备历史学的相关背景。掌握其他相关学科的知识,使自身的知识结构更加全面,进而提升档案专业人员的工作效率,会给实际工作带来很大帮助。考虑到部分档案专业人员工作繁忙,可以自由支配的时间相对较少,档案专业人员继续教育中多学科课程内容可以选修课的形式开展,使工作者有选择地进行学习,精确弥补自身知识短板。另外,多学科课程内容不宜过细,应以该学科基础理论和与档案工作相关的基本方法为主。一般情况下，档案分为立法档案、行政档案、军事档案、外交档案、艺术档案、经济档案、科技档案以及一些其他类型的档案。根据档案类型找到与之对应的学科，并在档案专业人员继续教育中增加与该学科相关的课程，尤其是该学科的基础内容，以完善档案专业人员的知识结构。

（三）专业法规标准相关内容

档案专业人员应掌握与档案事业相关的政策，也是加强档案专业人员档案管理能力理论支撑的其中一环。因此，档案专业人员继续教育公需科目的课程设置必须涉及与档案工作相关的法律法规，这也为专业知识的学习打下了良好的法律理论基础，具体内容还须在专业知识的学习中不断夯实。除档案相关政策法规外，档案标准也应纳入档案专业人员继续教育公需科目的学习中来。

档案标准包括国家标准和行业标准，档案国家标准需要档案专业人员全部掌握，不同工作性质档案专业人员可结合自身工作的具体内容去掌握档案行业标准。另外，在档案专业人员继续教育公需科目法律法规的教育内容设置中，应重点关注其他与档案工作密切相关的法律法规。

随着科技的创新，信息传播途径迅速拓展，传统信息传播载体与新兴信息传播载体协调工作、互相融合，共享理念在信息领域被广泛提及，逐渐成为当代社会协同发展的奥义，档案工作也在一定程度上进行改革创新，在遵循档案保密与档案提供利用的辩证关系的前提下，实现部分档案信息开放共享，深入贯彻新时代档案工作的供给侧结构性改革，更大程度上满足用户需求。因此，全媒体时代，档案专业人员继续教育在对档案专业人员法律素养的培训方面不仅应当重全面，更应当抓重点，在继续教育课程内容的选择上更加重视知识产权法和与信息安全与保密相关的法律教育。

二、内容的针对性

现阶段，档案专业人员继续教育以档案进修班、培训班为主的教育培训方式，难以开展具有针对性的档案工作培训。随着全媒体理念的成熟，媒体融合拓展了档案专业人员继续教育教育资源的传播途径，意味着档案专业人员参与继续教育的方式更加多元化，尤其是远程教育的逐步推广为档案专业人员参与继续教育提供便利。

在此背景下，对档案专业人员继续教育课程内容进行合理组织构建尤为重要，以免由于教育方式的改革带来教育资源的爆炸，全媒体时代的档案专业人员继续教育的内容构建应当更加有序化且具有针对性，并且注重开展与新媒体技术相关的课程，才能确保继续教育在全媒体环境中取得预期效果。

（一）针对不同层次档案专业人员的继续教育内容构建

由于各单位对档案工作的重视程度不同，选拔档案专业人员的标准也有所差异，针对受教育层次不一的档案专业人员，继续教育内容构建上也应因人制宜，有所侧重。

第一，针对本科以下教育水平的档案专业人员进行的继续教育，应结合该层次学员实际情况进行。对于本科以下教育水平的档案专业人员，应当加强档案专业基础理论教育，着力提升本科以下教育水平的档案专业人员在日常工作中融入理论指导的能力。

第二，针对本科教育水平的档案专业人员进行的继续教育。在档案专业人员的队伍中，本科教育水平的专业人员数量庞大。对于大多数档案工作来说，本科教育水平的专业知识积累已经足够，对于这部分档案专业人员，最重要的是要夯实档案专业理论基础，去粗取精，使专业理论与实际工作更好地结合。

第三，针对硕士研究生及以上教育水平的档案专业人员继续教育。当前，在档案专业人员中，硕士研究生及以上学历的专业人员所占比例越来越大，为档案工作的改革创新注入了巨大活力。因此，在对这部分档案专业人员的继续教育中，应继续挖掘档案专业理论深度，加强对实际工作的宏观思考。

（二）针对不同工作地区档案专业人员的继续教育内容构建

针对不同地区档案专业人员继续教育内容建设不仅应该考虑到地方特色，也应该考虑到地区发展。针对不同地区档案专业人员继续教育的内容建设，应当从以下两方面考虑：

1. 保留地方特色

中国地大物博，幅员辽阔，各民族、各地区和而不同，孕育了许多极具特色的地方文化。根据每个地方的地区特色，该地区地方综合档案室（馆）的档案工作有不同的特点。地方综合档案室（馆）作为一个特殊的公共文化机构，承担起收集、保存地方特色文献，并对地方特色文献的内在价值进行深入挖掘的责任。

地方综合档案室（馆）对特色馆藏的管理工作，一方面有利于宣传地方特色文化，产生社会影响力，从而打造地方特色产业和城市记忆，进一步拉动地方经济发展；另一方面有利于保持历史的延展性，使历史不断焕发新的活力。历史是不可改变的，但人类对历史的探究永无止境。

地方综合档案室（馆）的档案专业人员在特色馆藏的建设工作中发挥着重要作用，应结合实际工作，不断提高自身工作能力。

（1）掌握多种档案收集管理方式。地方特色档案自身载体形式多样，内容繁杂，包含大量的口述档案、声像档案，很多档案资源散佚民间，档案的接收与征集工作相对困难。因此，档案专业人员应通过多个渠道，采取多种方式进行档案收集，既要利用传统收集方式，例如，接收移交、接收捐赠、购买等。也要利用现代信息技术创新档案收集方式，主动收集档案资源，例如，建立对外开放的特色馆藏信息征集网站，主动采集与特色馆藏建设相关的档案资源。

（2）恪守服务理念，不断创新自身服务方式。地方特色档案与其他档案有很大不同，向公众开放，宣传特色文化是其一大职能，因此，档案专业人员应具有服务公众的意识，在档案提供利用方面多下功夫。在提供原件查询、借阅等基础性利用服务以及编纂档案出版物、举办展览、开设专题讲座等常见开发利用服务方式的同时，紧跟社会潮流，努力开发出新兴的、影响范围广的档案文化产品。

在全媒体时代，积极利用报纸、电视等传统媒体平台，与微信、微博、微视以及手机客户端等新兴媒体平台，对地方特色档案进行全面宣传。改善地方综合档案室（馆）在公众心中的形象，真正发挥综合档案室（馆）在各地区的文化职能。

2. 地区发展水平也会对档案事业产生巨大影响

档案室（馆）作为当地文化机构，针对地区的档案专业人员，可以通过全媒体技术实现教育资源共享，完成发达地区档案专业人员继续教育资源向落后地区的输送，加强其思想教育，树立档案意识，大力为其补充档案管理基础知识，在课程内容上侧重档案管理基础的收、管、用方面的工作，并应着力提高落后地区的档案专业人员的信息素养，使其在继续教育课程中可以进行计算机使用方法、档案数字化等方面的学习，以融入全媒体时代档案工作的发展潮流。

3. 针对不同工作内容档案专业人员的继续教育内容构建

不同工作单位的档案专业人员有其不同的工作特点，应当根据其具体的工作内容，有针对性地进行继续教育课程内容的构建。接下来以学校和医院的档案专业人员为例，阐述如何进行继续教育内容构建。

（1）学校档案专业人员。学校档案资料纷繁复杂，尤其是教学档案和教师教学业务档案，是学校档案管理的重要部分。随着教学水平的提高和教育工作的完善，学校活动产生的档案数量进一步增加，给学校档案工作带来很大挑战，也对学校档案专业人员的工作能力提出了更高要求。具体来说，学校档案专业人员应当具备以下素质：

第一，精通档案业务知识。对学校档案工作进行统筹规划；熟练掌握对学校档案进行接收、整理、鉴定、统计、保管、检索、编研、开放利用、宣传的具体工作流程、工作要求和工作方法；熟练掌握各类学校档案的归档范围和归档办法。

第二，掌握相应的科学文化知识。对科研类档案进行整理要求档案专业人员对与档案相关的科学文化知识有所涉猎，主要体现在对学校科研类档案的鉴定和编研工作中。

第三，掌握现代管理技能。学校档案数量巨大、种类繁多，需要利用现代化手段进行信息资源整理与建设，因此，档案专业人员继续教育在课程内容建设上应当具有如何对学校教学活动中形成的专门档案进行管理的相关内容，也应加强对学校档案专业人员现代信息素养的培训，使学校档案专业人员具备良好的信息素养，学会运用现代化设备和信息化管理的手段，更加适应全媒体时代的发展。

（2）医院档案专业人员。档案不仅是医院进行人事管理、财务管理、资源设备管理的重要凭证，也是医院提高医疗质量和提升科研效率的重要参考记录。病历档案管理在医院档案管理工作中居于绝对重要的位置，病历档案的合理利用能够提高医疗质量、提升科研效率。

针对医院档案专业人员也应当开展符合其工作内容特点的继续教育课程，例如医院档案整理汇编方面的课程、医疗业务知识方面的课程、档案工作自动化方面的课程等，以提升医院档案专业人员的工作能力。

总之，档案专业人员需要具备较高的管理能力，能够适应单位在档案管理方面的巨大工作量；档案专业人员应当具备较强的专业性，牢牢掌握与工作相关的档案专业理论和档案专业技术；档案专业人员具有相当完备的信息素养，掌握所在单位档案工作相关的现代信息科学技术；档案专业人员应当具备较高的保密意识和服务意识，更应着重培养全媒体时代的创新意识。因此，在档案专业人员继续教育的课程内容构建上，应加强档案信息化管理相关内容的学习，开设实践课程，增强档案专业人员对各类档案管理软件使用方法和新媒体技术的学习。

（三）档案专业人员继续教育人才融合的优化策略

档案专业人员继续教育工作未来将更加注重教育过程评价，从而全面提高继续教育质量。在此要求下，对档案专业人员继续教育教学人才的培养将更加紧迫。为解决全媒体时代档案专业人员师资队伍建设中存在的问题，促进人才融合发展，培养融合型人才是关键。因此，在未来档案专业人员继续教育教师队伍的建设工作中，应牢牢把握全媒体时代的特点，采取一系列手段实现继续教育专业教师、档案实践领域专家和全媒体技术人才多主体协作。

1. 专业教师

专业教师是指专门从事档案专业人员继续教育工作的教师。在全媒体背景下，档案专业人员继续教育专业教师应转变教育理念，由以教师讲授知识，学员接受知识的单方向知识流通模式，转化为教师、学员互动式学习的双向知识流通模式。

档案专业人员继续教育专业教师应当积极适应时代的变化，不再做继续教育课堂的"领导者"，而是化身教师和学员互助式学习的"参与者"，重视教学理念革新，以学员为主体，培养学员的自主学习能力和创新能力。

另外，应当进一步建立健全全媒体时代教师队伍人才培养机制，具体工作可以从以下方面展开：

（1）建立健全档案专业人员继续教育教师队伍遴选聘任机制，提高教师准入门槛。在选拔档案专业人员继续教育教师时，应对其职业道德修养、专业素养、个人教学能力等方面进行严格考察，有必要针对教师队伍建设设置具体的考察标准，严格确保档案专业人员继续教育教师队伍的专业性和纯洁性，坚决禁止不具备教师资格的、能力不足的、缺乏教师使命感和责任感的人进入档案专业人员继续教育的教师队伍中来。

（2）建立档案专业人员继续教育教师队伍的评估考核机制，加强对教师的日常教学考察。师资队伍列为档案专业人员继续教育机构教学水平的重要评估指标。在评估考核过程中，应委托第三方评估机构或成立专门的评估考核小组，对教师的教学态度、教学内容、教学方法、教学效果等方面进行评估，通过设置有效的评价考核标准，定期对档案专业人员继续教育教师进行考核并打分，根据考核成绩对教师队伍进行适当调整。

档案专业人员继续教育的教师，可以通过建立评估考核机制，可以促使教师不断充实新知识，不断学习新技能，不断提升自身教学能力，进而促进档案专业人员继续教育教学质量的提升。

（3）建立档案专业人员继续教育教师队伍的激励机制，提升教师的工作积极性。激励机制建立在评估考核的基础之上。对于教学能力强、教学效果好的教师应当予以奖励，尤其是在档案专业人员继续教育工作中做出突出贡献的。适当的激励能够激发教师的教学热情，提升其创新创造能力，从而使整个档案专业人员继续教育教师队伍保持活力。

（4）建立档案专业人员继续教育教师队伍的培训机制，开展针对教师队伍的继续教育。知识的更新是没有止境的，作为一名继续教育教师，更要牢牢把握学科发展方向，通过不断学习，及时补充新知识。因此，针对档案专业人员继续教育教师培训工作的开展应当增加频率，保证学习效率，建设学习型的继续教育教师队伍，使教师的知识含量和教学水平能够随时满足参加继续教育的档案专业人员的需求。

（5）建立档案专业人员继续教育教师队伍教学质量的跟踪反馈机制，不断调整教学内容与教学方法。为进一步检验继续教育教师队伍的水平，准确评价继续教育的教学质量，应建立有效的跟踪反馈机制，使参加档案专业人员继续教育的学员通过反馈渠道，反映实际学习的效果，并据此不断调整教学内容与方法，使继续教育教学内容与方法更符合档案工作的实际需求。

2. 档案实践领域专家

档案专业人员继续教育机构应当按照专兼职结合的原则，聘请具有良好职业道德、丰富实践经验、较高理论水平的业务骨干和专家学者，建设档案专业人员继续教育师资队伍。因此，在档案专业人员继续教育教师队伍建设过程中，应深入贯彻国家相关规定，推动教师队伍人才深度融合，使从事档案专业人员继续教育工作的专业教师与档案实践领域专家相融合，理论水平与实践经验相融合。

在档案专业人员继续教育教师队伍的建设过程中，除了加强对教师理论水平的培养与考察，也应当着重考察教师的实践经验。因为档案专业人员继续教育是非学校教育，教育的目的是为了更好地满足档案专业人员的工作需要。在档案专业人员继续教育教师队伍的建设中，通过开展专业教师与档案实践领域专家合作教学可以使教学内容更加全面，能够充分满足档案专业人员的实际需求；也可以邀请档案实践领域专家对专业教师进行培训，变"输血"为"造血"，提高档案专业人员继续教育教师队伍的实践水平。

3. 全媒体技术人才

全媒体理念是在社会信息化发展过程中逐渐显现出来的，同样，信息化发展也是档案工作的发展趋势。当前，档案工作信息化还处于探索阶段，并且，在实际的档案信息化服务工作中，越来越多地融入技术手段，例如物联网技术、大数据技术、数据挖掘技术等，档案专业人员渴望提升自身信息素养，使自身能够更好地适应时代前进的步伐。

在档案专业人员继续教育专业教师的培养过程中应当引进全媒体技术人才，对专业教师进行信息技术培训，使专业教师跟上全媒体时代档案专业人员继续教育改革创新的步伐，实现由传统教育手段向现代教育手段的过渡，也能够促进专业教师对新知识、新技术的学习，实现专业教师教学经验与全媒体理念的融合，使其更好地从事继续教育的教学活动。

档案专业人员继续教育专业教师和全媒体技术专家联合开展继续教育教学工作能够更好地满足档案专业人员的教育需求，通过继续教育大大提高档案专业人员信息服务水平，使档案专业人员充分适应全媒体时代的发展。

第七章 档案管理工作的信息化探索

第一节 档案保护生态系统研究

信息生态是一种研究人与环境之间的信息的收支规律和相互作用机理的科学，通过对信息生态系统的发生与发展、结构与功能、系统平衡和调控机制的研究，寻求一种人、信息、环境之间的均衡状态，即信息生态系统的信息流动和循环在较长时间内保持输入和输出间的相对平衡和稳定。档案保护所追寻的目标，其实和信息生态系统所追寻的目标是一致的，寻求一种系统平衡，达到档案保护涉及的人员、法律、标准等要素的协调。从以上角度来讲，将信息生态理论引入档案保护是具有可行性的。

一、信息生态理论对档案保护生态系统构建的指导意义

档案保护生态系统的架构是基于信息生态理论的，信息生态理论无论在理论上还是在实践上，都能发挥对档案保护生态系统架构的指导意义。

（一）开阔研究视野，注入新的活力

第一，在理论上，信息生态理论开阔了档案保护理论的研究视野，为档案保护理念的更新注入了新的活力。随着记录技术的发展，档案形态不断更新换代，出现了丰富多彩的新型载体档案，如模拟声像档案，这些档案共同的特点是对读写技术的依赖，档案实体的单独保存，无法满足未来的持续利用。

随着电子档案的产生，以纸质档案为核心的传统档案保护理念以及方法受到了很大的挑战，电子档案出现之后，档案所面临的安全风险更加复杂化，档案安全管理不断增加。档案保护研究内容也发生了很大的变化，从关注档案制成材料的寿命转变为信息的安全长久。无论是通过对信息载体的保护，还是注重信息内容的安全其目的都是为了保护信息本体本身的安全。就档案保护领域而言，档案资源充当着信息本体的角色成为档案保护生态中的主导因子。因此，随着档案保护对象的变化，我们需要构建与档案保护对象相匹配的管理措施和技术方法，需求不同档案保护对象下法规、标准、技术、人员素质之间的内在

统一，而不是简单机械的套用保护技术和管理方法，能够在档案形态变迁的过程中，从容地应对新事物所带来的挑战。生态学、信息生态学的理念为档案保护理论的发展和创新注入新的血液，使人们从系统、整体的视角统筹档案保护工作所涉及的人、档案以及档案保护环境的发展，更加注重协调人、信息、信息环境三者之间的关系。因此，从信息生态理论的视角来架构档案保护生态系统，能够更好地指导档案保护工作的开展。

（二）持续保护，最大限度地保障档案特性

在实践上，档案保护本身就是一项操作性和技术性很强的工作，在纸质档案和电子档案并存的时代，文件生命周期对电子档案保护的指导作用并没有减弱，根据文件生命理论可知所有形式的文件和档案都是同一内容的不同价值形态，只有保障文件（档案）从制作形成到寿命终结的每一个阶段的持续保护，才能最大限度地保障文件（档案）的真实性、完整性和有效性。不光电子档案，纸质档案也要注重全程保护。也就是从档案的形成、管理到利用都要注重档案的保护。

档案保护系统的主体——档案形成者、档案管理者、档案利用者甚至档案监管者在实践中都要找准自己的角色定位，关注任一过程档案的安全，同时协调好自身、档案资源和档案保护环境三者之间的关系。任何一种事物都不可能一成不变，始终占据主流地位。

随着档案载体形式的变化，针对档案资源的不同形态，采用的方式和手段是不同的，主体的态度和意识也将会发生变化，信息生态系统理论基础上档案保护生态系统的构建将会在实践中指导档案保护工作者的档案安全保护行为。以电子档案为例，在电子档案出现之后，档案安全保管问题不同于传统档案的保护，不仅需要采用信息技术，而且在管理上也要引起重视。而档案保护生态系统的构建就恰恰从完整、系统的角度，全方位地指导电子档案的安全保护。从这个角度来讲，信息生态理论能够在实践中指导档案保护生态系统的运行。

二、档案保护生态系统的维护工作

（一）信息源头安全保护工作

信息生产者是信息生态链的起点，是产生新信息的源泉。生产环节处于信息链的开端，就档案保护领域而言，在文档形成环节就要做好安全保护工作，这样才能尽可能地保证下一环节档案的安全。

1. 档案形成者要严把文档形成质量

根据文件与档案的关系，在文件转化为档案之后，文件管理工作并没有结束，原因在

于"文件管理是档案管理的前提，档案管理是文件管理的延续"，因此，作为文件管理的接续，档案管理仍然非常重要。

电子档案的产生，文件和档案之间的界限模糊，在文件生命周期理论的指导下，对其进行文档一体化管理，电子文件形成的质量，影响着电子档案的保管与传输利用。因此，对于纸质档案的形成，档案形成者要严格按照统一的标准，使用符合档案保存要求的制成材料，比如文件用纸的选择，尽量选择耐久性好的纸张。档案部门有责任要求文件部门采用优质的纸张以及字迹材料来制作文件。将归档范围内的材料准备齐全，并及时归档。电子文件的形成依赖于电子文件管理软件，因此对电子文件管理软件的选择要充分考虑其可能存在的安全漏洞，防患于未然。通过一些安全措施保证实体安全和信息安全，如使用防盗、预警设施防范人为和自然的破坏，为计算机信息系统设备的可靠运行提供能源保障等保证实体安全，如运用加密技术、身份验证技术、文件元数据的记录和维护技术、备份技术保证档案的信息安全。

2. 建立完善的法规权责体系、细化档案保护标准

《档案法》的出台在某种程度上对档案保护工作的规范有序和可持续进行、约束档案管理者的行为等方面起到了一定的作用，但是针对电子档案的信息安全问题的法规是不完善，甚至是缺失的。尽管，针对电子档案的安全保护管理，可以参考《电子签名法》以及相关管理办法，但是在实践中缺乏操作性。而标准方面，目前，档案保护标准存在质量不高、标准陈旧的问题。因此，完善档案保护的相关政策法规，以标准化、体系化为目标，建立完善的档案保护标准体系迫在眉睫。

档案保护标准的建立与完善主要从两方面入手：①尊重并重视已有的档案保护标准、法规，结合实践中的具体情况，在现有成果的基础上，对档案保护标准、规范进行修改、补充和完善。②档案在任何一个环节其安全都有可能遭到威胁，因此，需要贯彻前端控制、全程管理的理念，遵循以防为主、防治结合的原则，构建系统、全面具有针对性的档案安全防护标准体系，为档案安全保护工作保驾护航。档案保护工作特别是纸质档案保护工作，经过多年的研究、实践和借鉴，已经形成了比较完备的法规、标准体系，数字时代，电子档案的管理与保护的环境相对复杂，随着技术的发展，技术本身所带来的很多挑战是未知的，这就需要档案监管者在实践工作中制定全面系统的法规、标准。

（二）保管过程的安全工作

1. 明确自身职责并提升其业务水平

档案来源于个人和组织，其构成了档案保护生态系统的主体之一。档案形成者不直接

参与档案保护生态系统的管理。但是档案管理者要处理好和档案形成者之间的关系。因此，档案管理者要严格地把控档案的质量，有价值的档案才有保存的意义。

以纸质档案为主的传统档案载体时代，大多数档案移交于档案业务机构当中，档案管理者要明确档案管理的基本流程，将真正有价值的档案进行保存，此外，还要不断地提高自己的业务水平，掌握纸质档案保护的相关技术，不断地钻研开拓纸质档案保护的新方法、新理论。

随着数字时代的到来，以电子档案为主的新型载体档案的出现，给档案管理者也带来了严峻的挑战，如何维护电子档案的实体安全与信息安全成为一个难题，这就对档案管理者提出了更高的要求，除了要掌握计算机技术、多媒体技术等基本的技术之外，还要从电子档案的形成、保管、利用整个过程注重档案的保护。因此，一方面档案管理者需要提高自律意识，约束自身的行为，明确自己的职责所在，在管理利用档案的过程中保证档案的安全，避免篡改档案信息、丢失档案信息的情况发生，形成安全管理意识。另一方面，档案保护工作要注重档案人员的专业性，选拔业务精通、政治思想觉悟高、责任心强的专业人才，并加强岗前培训、定期培训、应急演练等档案拓展再教育，使档案管理者的档案保护意识得到不断提升，从而在档案保护生态系统主体中发挥好衔接作用，构成完整的生物链。

2. 加强档案室（馆）藏机构的生态化建设

档案保护生态系统围绕的是各种类型的载体而展开的档案保护工作，档案实体安全和档案信息安全都很重要。因此，加强馆藏档案机构、数字档案室（馆）的生态化建设是十分必要的。

生态档案室（馆）和数字档案室（馆）建设是完善档案保护生态系统的重要举措。档案室（馆）生态化建设表现在档案室（馆）建筑的"绿色"方面：环保、节能、绿化。

（1）环保。档案室（馆）的设施齐全，技术先进，控制温湿度、改变通风和采光状态都达到了较高的水平。无论是档案建筑材料的选择，还是档案室（馆）的绿化等都尽可能地从生态的角度出发。

（2）节能。保护馆藏档案的过程中，尽量使用自然光、自然通风，减少空调、电灯的使用。

（3）绿化。将绿色的元素运用到档案室（馆）藏机构的建设过程中。目前的档案库房的建设将会向智能、集成化方向发展。同时，数字档案室（馆）的生态化建设也是很重要的，由于信息技术、网络技术的发展，数字档案室（馆）档案保护环境变得很复杂，数字档案室（馆）的生态化建设要处理好人、档案资源、档案保护环境的关系，避免数字档案信息的污染、窃取、篡改等情况的发生，保证原始、真实、完整的电子档案信息能够及时地被收集进馆。

3. 不断更新与升级档案保护技术

档案保护的对象范围在不断的扩大，为了保证档案保护生态系统的运行，必须重视技术手段在档案保护的过程中所发挥的作用，对技术设备的选择和使用方法要考虑多种因素。对于纸张为载体的传统档案的保护技术相对来说比较完善和成熟，并且在相当长的一段时间内，对纸质档案的保护仍然是档案保护工作的基础，要重点加强常规技术的研发与应用（例如档案库房空气净化）、传统的档案保护技术的批量升级与改造（例如传统档案批量去酸技术）。当前，纸质档案修复技术逐步走向现代化，档案保护环境技术也在朝着集成、节约、智能化方向发展；档案保护技术需要不断地推陈出新。随着新型载体档案的问世，针对其保护的相关技术需要加强研究与开发，例如音频还原技术、电子档案长期保存技术方法、受损电子档案信息恢复技术、云计算与大数据背景下的文件档案安全保护技术等。以电子档案的长期保存技术为例，目前电子档案长期保存技术主要有迁移技术、更新技术、转换技术、再生性技术等，来解决信息污染、黑客攻击、信息泄漏、计算机病毒等问题。但是仍然面临着技术难题，如技术过时、技术更新、数字化设备的技术条件等。因此，档案保护技术应该不断进行更新与升级。

（三）处理好利用共享与安全保护的关系

1. 提高档案利用者的档案保护意识

档案保护的最终目的是为了更好地满足社会的需要，因此档案利用者在档案保护生态中占据着很重要的位置，档案事业的健康发展给档案保护工作提出了更高的要求，不仅要求档案保护人员、档案管理者，甚至是档案利用者，都要提高档案保护意识，使其从思想上切实重视档案安全，并不断提高档案保护意识。

在数字时代，信息技术的发展为档案的利用带来了很大的便捷，档案利用者利用档案不再受时间和空间的限制。从伦理的角度，加强社会公众的修养，提高自律意识，约束自己的行为，避免在利用档案的过程中出现档案信息的丢失、篡改、恶意复制转发等不良行为的发生，档案利用者处于档案保护主体系统当中的最后一环，其对档案安全的影响同样是不容忽视的。

2. 运用信息安全技术规范档案利用行为

档案信息的利用，伴随着档案信息载体或者档案主体在物理空间的移动。档案利用者往往是在有档案信息需求且档案信息获取途径简便的情况下才会去搜集、查阅档案信息的，可能受到诸多因素的影响，比如档案室（馆）地域、馆藏资源、获取档案信息资源的复杂程序等。因此，传统档案室（馆）的档案利用率较低，档案信息传播的范围较小。随着电子档案的出现，其依托于信息设备、网络环境，在电子文件（档案）、传输利用的过程中要应用信息安全技术监控、规范档案利用者的行为。如采用防计算机病毒技术、入侵检测技术、漏洞检测技术等来保证系统的安全，另外还有针对信息安全的技术，如防更改技术、访问控制技术等。

总之，运用信息安全技术监测、规范档案利用者的行为是很有必要的，从而保障计算机系统和数据库的安全，避免恶意篡改、损坏电子档案信息。

第二节　档案智慧服务体系构建研究

一、档案智慧技术与服务

智慧是运用知识提出问题、分析问题并最终解决问题的能力，包含对事物认知、理解、分析、处理、创新的能力，智慧能够实现知识的产生、开发与创造。

人工智能是研究怎样使计算机模拟人类的感知、推理和行动，作为计算机学科的一个重要研究分支，是在计算机科学、经济学、心理学、哲学、语言学、数学等多种学科相互融合与渗透的基础上，不断发展起来的一门新学科。

智慧服务是以创造性智慧为前提，在知识服务的基础上将知识转化为生产力的创造性、智能化、交互式服务。档案服务作为档案室（馆）的重要职能之一，实现档案智慧服务转型升级是应对智慧时代公众日益多元化和智慧化的档案利用需求的重要手段。

如今，信息化已经成为衡量一个国家、地区、企业或专业综合实力的重要标志，各行各业都在贯彻实施信息化战略。档案事业发展也必须主动适应时代潮流，搭上信息化快车，加快现代化步伐。随着档案信息化的程度不断加深，推动了档案智慧服务体系构建。

"人工智能+"档案智慧服务是档案机构为应对人工智能时代新经济发展形态和档案事业转型升级，将人工智能深度融入档案服务的方方面面，为实现档案智慧服务提供技术保障和运维辅助，这是对传统的档案信息服务的变革，是人工智能与档案深度融合的新生态产物。

二、基于"人工智能+"的档案智慧服务体系构建

目前，人工智能产业已经形成了包括基础层、技术层和应用层这三个层级的较为成熟

完整的产业链，基础层是由 CPU 等核心硬件和"深度学习"等智能算法构成，技术层由模式识别、专家系统等技术构成，应用层是人工智能技术及相关产品在某一专业领域的融合与具体应用。

"人工智能+"档案智慧服务体系是人工智能产业与档案实现深度融合的成果，是适应新时代发展的档案服务体系，在提供档案借阅、档案开放资源共享等基础服务的同时，还能为社会提供基于馆藏档案资源、用户服务数据等深度挖掘分析的精准需求推荐服务、知识图谱服务、虚拟泛在空间服务、用户实时反馈等服务。人工智能驱动着档案服务从传统服务转向知识服务、智慧服务，不断推动档案服务智慧化，这说明人工智能技术是档案智慧服务体系构建的关键因素。

在"人工智能+"档案智慧服务体系中，基础设施层是档案资源保存、管理、开发、利用的基础，档案机构利用其软硬件基础设施捕获、感知、收集用户访问档案服务平台时产生的用户利用信息和业务管理信息，利用语音识别、OCR 识别等人工智能技术征集、数字化、存储了体量庞大的馆藏档案资源。用户在社交媒体、互联网等外部媒介上产生的用户开放数据也是档案智慧服务的重要档案资源之一。档案机构再利用机器学习、自然语言处理、模式识别等技术，对已有档案资源进行组织和深度分析，逐步构建档案用户画像、档案知识图谱、隐性知识关联推荐服务功能，实现对档案的智能检索服务、泛在空间服务和精准个性化服务。"人工智能+"档案智慧服务能够在虚拟场景空间中满足用户的档案利用需求，为用户实现隐性关联档案推荐服务，用户会更加积极地访问档案智慧服务平台，产生更多的用户服务信息，从而档案机构能够完善优化用户画像、提供更优质的档案智慧服务。

（一）基础设施层

"人工智能+"档案智慧服务是建立在大体量、可组织、可分析的档案资源的基础上的，而档案资源依赖稳定的基础设施架构。基础设施层主要由机房和软硬件设施两部分组成。

第一，机房设施。机房是提供档案实体存储、利用的重要场所，完善的机房设施要具备对档案实体的温湿度智能一体化自动监管、对档案实体的位置信息实时感知并上传至档案机构档案管理端口，具有事先预防和灾情执行装置智能管控，实现对火情、人为破坏等会对档案造成破坏的险情的智能捕获。

第二，软硬件设施。软硬件设施主要由网络设备、存储设备、感知设备、数字化加工设备、安全设备等一系列计算机软硬件设施组成，软硬件设施是支撑"人工智能+"档案智慧服务体系的重要基础，只有软硬件设施逐步智能，才能为建设智慧服务体系扎实根基。

总之，完善的智慧档案基础设施体系具备对档案资源、档案业务管理、档案用户的全面捕获、感知、智慧分析和服务优化，为实现真正的智慧档案服务提供稳定可靠的物质基础。

（二）档案资源层

档案基础设施为档案资源层提供了管理工具和平台，而管理的目的是充分利用档案资源，发挥档案的文化价值、社会价值。档案资源层是档案智慧服务的数据基础，主要包括馆藏档案资源、业务管理数据、用户服务数据和用户开放数据。

第一，馆藏档案资源。馆藏档案资源是档案室（馆）提供智慧服务利用的重要资源，主要包括实体档案和电子档案资源。实体档案经数字化后与电子档案共同组成档案基础资源库，主要由目录数据库、全文数据库、多媒体数据库、专业档案数据库、历史文献数据库等构成。

第二，业务管理数据。业务管理数据是档案室（馆）日常业务运营产生的数据，主要包括档案机构设备感知数据、档案业务人员管理数据、档案工作目标及计划数据、档案机构考核数据、楼宇管理数据等。设备感知数据主要包括基础设施中那些智能感知设备在日常运营中所产生的数据，对这些数据进行长期保存和统计可以全面观察日常档案机构工作中的工作状态和管理能力，对这些数据进行分析可以直接观察档案工作的优劣，辅助档案机构不断提高自身管理能力。

第三，用户服务数据。用户服务数据是指用户访问档案室（馆）及档案服务平台时产生的一系列数据，包括用户注册信息、用户档案查询记录、档案传递数据、档案复印下载数据、用户网页浏览数据等。

第四，用户开放数据。用户开放数据是指用户在非档案服务平台进行查询、浏览、撰稿等产生的外部公开数据，包括在社交媒体、图书馆服务平台、博物馆服务平台等产生的一系列能够反映用户兴趣偏好、信息需求的用户行为及用户生成数据。

（三）技术层

档案智慧服务的实现依赖于物联网、人工智能、大数据等新一代信息技术的发展，其中人工智能是档案智慧服务的重要技术引擎。要实现档案服务的智慧化，前提是实现档案管理流程的智能化、网络化。

人工智能作为重要的档案工作发展技术引擎，能够为档案管理提供强大的技术支撑，促进人工智能与档案管理工作的深度融合，能够实现档案服务的全面感知、深度挖掘和智慧服务，提升档案智慧服务水平。技术处理层主要介绍人工智能作为技术引擎如何嵌入到档案服务体系中，其主要是通过语音识别、自然语言处理、图像识别、OCR 识别和专家系统等人工智能技术对档案管理全过程进行智慧化处理，具体包括档案收集智慧化、档案整理智慧化、档案鉴定智慧化、档案检索智慧化、档案存储智慧化和档案服务智慧化。

总之，人工智能正在或将会影响到档案管理和服务的方方面面，人工智能与档案的深度融合是大势所趋，将人工智能技术作为提升档案智慧服务水准的技术引擎，才能抓住人工智能这一发展机遇。

（四）服务应用层

第一，资源服务多元智慧化。档案资源服务智慧化就是指利用人工智能技术深度分析馆藏档案资源和用户服务数据后，实现的针对用户需求提供的档案资源智能检索和借阅服务。用户按照自身需求在所有档案服务平台可以实现对所有公开档案的关键词、主题、全文检索等，检索方式通过构建因果、相关、递进等各类智能检索模型实现智慧化检索，检索内容方面提供文本图片、音频、视频等不同格式的数据标准统一的多元档案资源库，为用户提供丰富多元的档案资源服务。

第二，服务空间泛在虚拟化。随着人工智能等信息技术的持续发展，档案服务空间将会继续升级，实现"档案服务云平台"、档案现实虚拟空间及各大互联网平台的泛在虚拟化服务。

第三，用户服务精准智慧化。坚持遵循用户需求的原则，构建精准智慧用户服务模式是应对人工智能时代档案服务挑战的重要手段。档案用户精准智慧服务主要由用户画像定制、兴趣知识图谱、需求档案智慧推荐等智能化、个性化的智慧服务构成。

第四，服务反馈与学习优化。一个完整的档案智慧服务体系不仅要实现档案资源服务多元智慧化、服务空间泛在虚拟化、用户服务精准智慧化，还需要通过服务反馈和评价，实现机器学习系统自动优化，不断提升档案智慧服务水平，提供更加精准的档案智慧服务。服务反馈与学习优化主要由服务反馈与评价和智慧系统自动优化两部分构成。

三、基于"人工智能+"的档案智慧服务策略

以人工智能为代表的第四次科技工业革命将会带来各个行业的颠覆和生产力变革，毫无疑问，人工智能时代的档案机构面临着理念、资源、技术及人员等方面的困境。档案机构必须重视和加快人工智能在档案领域的应用，基于"以用户为中心"、以技术为支撑的理念，在理念、资源、技术及人员等方面进行转型升级，充分发挥"人工智能+"档案智慧，向社会提供一系列具有创造性、创新性的档案智慧服务。

（一）制度构建：完善伦理规范与法律

1. 制定伦理规范标准

随着人工智能的开发、应用与融合，人工智能道德伦理问题在人工智能爆发式发展阶段，就已经引起了国际国内相关机构的高度关注，并在国际上已经出台了人工智能与机器人的伦理规范、原则、标准制定。

档案机构在遵循相关规定，还应该思考人工智能在档案领域应用过程中将会产生哪些伦理问题，针对这些问题预先做好规划与标准制定，以对人工智能性能、安全、责任进行界定。

（1）在规范和标准层面规范人工智能应用程序，完善顶层制度设计、制定行业技术标准及从业人员行为规范，所有人工智能的应用与研究都应遵循伦理规范。

（2）将档案机构服务理念与伦理原则嵌入到人工智能应用程序中，将道德伦理融入智慧档案服务的全过程，从根源上杜绝可能产生的违背公众利益、服务不平等、责任难追溯等问题。

2. 完善现行法律法规

针对相关主体价值取向负载在算法决策和算法权力上而易导致的问题和相关主体责任权重不明而损害公众权益的问题，解决方法的重要途径之一是完善现行法律法规。

法律法规是保证算法公平公正、智能系统透明公开、主体责任明晰的重要保障，只实行标准规范难以保证执行上的客观公正，法律能够进一步约束相关主体并将不法之徒绳之以法。尤其是人工智能应用中造成的人身财产的损害，应当明确法律主体和责任主体，保障用户的知情权等合法权益。

（二）资源优化：档案数据优化与保护

1. 统一数据与平台

"人工智能+"档案智慧服务是以档案数据资源为基础数据进行数据挖掘与分析的，但不同档案机构及同一机构内部不同的系统所造成的数据壁垒及数据孤岛等问题严重制约了人工智能与档案的深度融合。建立统一的数据标准体系及智慧服务平台是解决这一问题的重要手段，一方面统一数据标准和规范能够实现档案资源的跨界、跨领域、跨系统的资源整合，为后续智慧服务所需的数据挖掘、智慧数据分析等奠定数据基础，基于大数据的档案智慧服务将更加精准智慧；另一方面，统一的智慧服务平台可以优化档案服务，整合档案数据资源，为档案智慧服务提供良好的服务平台。

2. 优化系统与技术

大容量档案数据将需要更加大体量、高性能的存储系统来做技术支撑，档案资源本身的大体量以及人工智能的机器学习及深度挖掘所产生的大量非结构化和结构化数据都要求存储系统的升级优化。

非关系型数据库采用分布式和集群化的数据存储模式，适用于大规模、半结构或非结构化数据的存储管理，这为档案非结构化数据存储问题提供了新的解决方案。

档案存储和运算空间问题的解决还需要技术的进一步发展优化，这不仅仅包括人工智能技术，还涉及其他存储技术。要最终实现存储系统与技术的优化，寻求能够适应时代发展的更加完备的解决方案依旧非常重要。

3. 保护个人隐私

我国政府保护个人隐私，个人也应当服从国家利益，正因为如此，政府才能为个人安全提供实时的保障。同时，该项规范的新版发布也使用户的功能授权更加自由、用户个人信息更加安全，用户个性化服务选择自由，平台使用个人信息的权限得到约束，责任部门与人员责任更加明确，最终用户个人隐私得到保护，并一定程度上预防了用户隐私被滥用或泄露。

构建"人工智能+"档案智慧服务体系时，档案机构必须严格遵守相关规范，坚持以人为本的原则，相关算法设计必须将个人授权、服务选择、隐私界定等方面的内容考虑进去，使用用户画像也必须按照法律规定，充分考虑档案用户的感受，在采用数据脱敏等技术保护档案用户隐私和尊重用户隐私的前提下为档案用户提供精准智慧服务。此外，必须时刻关注相关规章制度的动态，了解并遵守人工智能技术伦理规范，做好档案数据服务应急管理措施，使档案机构利用用户数据提供服务与保护用户隐私保持平衡。

（三）技术迭代：技术发展与安全防御

1. 关注人工智能技术发展

目前"弱人工智能"阶段，人工智能与各个行业的融合还需要进一步深化。面对人工智能发展的技术瓶颈，寻求技术发展是突破瓶颈的重要方法，不断促进人工智能技术的发展能够加快人工智能的深度融合，人工智能在档案领域的融合应用不仅能够推动档案智慧服务的转型升级，还能够助力档案行业的变革与转型。

人工智能技术发展瓶颈短期内可能无法得到有效的解决方案，但是档案学界应该主动研究人工智能与档案工作的深度融合及由此带来的伦理、管理、制度方面的问题。档案机构应该时刻关注人工智能技术的发展，了解人工智能应用的相关规划及制度，主动思考人工智能如何赋能档案服务，在尽可能降低成本的基础上，为档案用户提供档案智慧服务。

2. 建立安全防御体系

人工智能背后隐藏的网络安全问题不容忽视。大数据、物联网、人工智能等技术在档案的应用都是在云端或者政务网、互联网等网络开放平台，这些网络开放平台容易受到密码破译、伪造数据等网络攻击，黑客一旦抓住了网络平台的技术漏洞及人工智能本身的技术漏洞，可能会造成信息泄密、篡改数据等巨大的安全风险。针对这一技术问题，首先要不断推进人工智能技术发展，减少人工智能本身漏洞，加快人工智能与档案智慧服务融合的同时，利用人工智能技术在网络安全方面的应用，建立风险预测模型。

第三节　智慧城市建设与城建档案管理

城市是居民的家园，城市建设是关系城市社会经济发展与人民生活条件改善的重要根基和基本保障。城建档案作为与城乡规划、建设及其管理过程相伴而生的原始记录，真实完整地记录了城市的发展历程，在城市建设与发展过程中发挥着举足轻重的作用。

在强调高质量发展的社会背景下，要想更好地发挥城建档案的作用，有必要进一步明确数据环境下城建档案的内涵与特点，透彻分析城建档案的作用与价值，从而更好地服务城市建设活动。与城市建设活动相伴而生的城建档案除档案所固有的基本属性外，还具有区别于其他类别档案的特性。在数据环境下，进一步明确与掌握城建档案的综合性、专业性、程序性、周期性、成套性、动态性等特征，有利于更好地利用集成管理理念实现城建档案的多维度与精细化管理，充分发挥其数据价值。

一、城建档案的价值

城建档案作为城市规划、建设及其管理活动的原始记录，是对城市建设活动最原始的记载，其与生俱来的价值属性决定了其对国家、社会和个人具有不可替代的价值特征。

（一）凭证价值

凭证价值，城建档案是城市规划、建设及其管理活动的真凭实证。众所周知，原始记录性是档案的本质属性，是在社会活动中直接形成的原始性信息记录，是档案区别于其他事物的根本所在。

城建档案作为与城市规划、建设及其管理活动相伴而生的原始记录，其自始至终参与并贯穿的城市建设活动的全过程，是对城市发展的每个领域、每个项目、每个环节最真实可靠的记录，具有鲜明的凭证价值特征。

（二）历史文化价值

历史文化价值，城建档案是城市发展、变迁的历史见证。城建档案自其产生之后的很长时间内都在体现着其现行价值，即为现实的社会实践活动提供凭据证明与情报参考作用。

城建档案是城市的历史文化的载体。在一个城市的发展过程中不仅仅只有物质的建设，同时也在进行着精神和文化的铸造，慢慢地形成了独特的城市性格与文化。城建档案中承载的内容信息体现着一个城市的设计理念、建筑风格、排列布局等，这些都是城市文化的集中体现，是城市历史的真实见证。

城建档案是一座城市发展的记忆与缩影，见证着城市历经的沧桑和蜕变。滚滚时光长河，无数城市湮灭在岁月的洪流中，在物质世界已经不见踪迹，却能在城建档案的记载中一窥其貌，甚至加以复原。

（三）数据价值

数据价值（或情报价值），城建档案是支撑城市建设与管理的重要数据资源。城建档案承载着城市规划、建设全过程的信息资源，除了可资为凭的凭证价值外，还具有可供参考的情报价值。

城建档案所承载的内容信息是城市建设的重要参考资料，具有鲜明的社会价值。小至居民自建、改建房屋，大至一个区域的规划与建设，不管是智慧城市建设还是城市公共数据开放，都离不开城建档案数据的支持。

城建档案的管理与利用能够有效提高建设效率，减少社会投入，具有明显的经济价值。通过城建档案的规范管理与有效利用，在城市规划与建设中能够节约大量资源，比如地下管线档案清晰地记录着各个管线的分布、埋深、规格等信息，在道路施工等工程建设中只须查询地下管线档案就可大致了解地下情况，制订最优施工方案，大大节约建设成本。

二、智慧城市建设对城建档案管理的要求

在推动实施相关制度和规定的基础上，进一步加强城建档案信息化和数字化建设，在新型智慧城市城建档案资源体系、管理体系、服务体系建设方面积极进行完善探索，不断促进城建档案实现智慧管理、智慧整合、智慧服务。

城建档案对城市建设与管理发挥着重要的基础信息支撑作用。然而，随着我国全面建成小康社会和改革开放再出发战略的实施，城建档案管理面临着新的形势与挑战。城建档

案管理必须以智慧城市建设的特征和需求为基础，围绕智慧城市发展方向不断改革创新，才能全面地发挥城建档案在智慧城市建设中的功能作用。智慧城市建设要求更加完善的城建档案资源体系、管理机制和信息化体系。

（一）完善城建档案管理发展规划

城建档案信息化建设作为智慧城市发展中的一个重要组成部分，要根据智慧城市建设的目标适当地对其功能以及未来的发展方向进行调整是非常有必要的。在这个过程中，需要更加注重以智慧城市的建设需求作为最重要的一个导向，并根据这个需求来对未来的城建档案资源管理体系进行规划和设计。另外，关于城建档案接收的范围及价值判断也需要重新进行划分，划分的依据同样是智慧城市建设的目标以及需求，即与未来智慧城市建设有关的信息档案均应当划入到城建档案资源体系当中进行管理。

（二）科学的、高效的城建档案管理模式

智慧城市的建设需要现代信息技术为基础，通过采集、存储、处理、分析、传输、共享大规模信息数据，利用相关智慧平台即时交流各方面管理信息从而让城市各项运作高效协同智能。因此，城建档案作为一项基础性的信息资源，唯有科学的、高效的城建档案管理模式，才能实现一定区域内城建档案资源集中管理和信息资源共享的可能。按照城建档案资源管理体系建设的目标、管理目标以及需求，需要重新对各个部门的分工进行收集和再划分，从而才能够进一步保障信息资源共享平台的功能满足各项需求，确保能够收集好、管理好以及应用好各项信息资源。

（三）形成完善的城建档案管理信息化体系

将智慧城市的顶层设计一步步落实到现代信息化的建设中，既要确保城建档案管理部门、建设单位、服务群体等各部门、各行各业的智能联动，又要确保城建档案信息适应新情况、新发展的灵活性，这就需要建立一个完善的档案管理信息化体系。城建档案的信息化建设是城建档案管理尤为重要的一部分，也是保障城建档案管理能够适应未来社会需求的必经之路。

从保护信息档案的角度上来看，要充分地尊重档案原有的形态，进一步规范对各种类型的档案信息的管理与收集，这就要求城建档案部门能够不断地推进电子档案收集与管理的流程，完善各项网上接收的功能，并在此基础上不断地丰富自身的服务职能。在智慧城市的建设过程中，通过以完善的档案信息化平台作为重要基础，建立起良好的标准规范并以此为引领，进而更进一步地完善档案信息服务，实现更加安全的档案管理和档案服务，

这已经成为当下以及未来档案管理当中最为重要的一个内容。

三、基于智慧城市建设的城建档案管理服务提升策略

（一）基于智慧管理的城建档案管理模式构建

1. 树立城建档案智慧管理理念

以人为本是智慧城市建设的根本以及智慧所在，对于城建档案管理来说，如何才能依据自身条件更进一步地为智慧城市的建设产生作用，这不仅仅需要能够有效地预测未来城市发展的主要方向以及主要路径，与此同时，还需要认清城市建设的信息禀赋，从而能够从微观层面上更好地进行城建规划。

在智慧城市建设的进程当中，城建档案管理的工作人员还需要积极地审视自身，从思维上进行创新，干预发现工作当中存在的问题，积极对管理模式进行创新和发展。具体可以从以下方面创新城建档案管理理念：

（1）树立提升公共服务质量理念。城建档案管理新模式根本任务就是服务于城市管理的优化，要通过全方位的信息采集以及数字化管理，从而才能为智慧城市的建设提供强有力的数据基础。依托于城市建设以及城市规划，将城建档案应用在公共服务质量的提升上面，从而更好地推动智慧城市的建设。

（2）树立起精细化管理的理念。通过对在智慧城市建设过程当中的商业活动、城市配套等诸多信息实行更深层次的结合，利用起城市档案管理新型模式的信息优势，从而实现精细化管理。在这种管理模式之下，有利于提升城市整体的管理水平，从而能够对智慧城市的建设起到良好的推动作用。

（3）树立起城市配套服务的观念。实现城市配套服务智能化建设是城市建设与发展过程中的重要组成部分，在城建档案管理的新模式之下，能够为城市配套服务的规划提供有效的数据基础，从而帮助相关的部门进行判断和决策，在此基础上，有利于提升决策的科学性以及合理性，从而增强配套服务的智能化程度。

2. 建设智慧型档案专业人才队伍

（1）在部门内部建立起良好的激励机制。在良好的激励机制的条件之下，能够有利于组织吸引更多的创新性人才。激励机制应用的目标主要是通过满足人员在物质上以及精神上的各种需求，从而最大限度地调动起他们的工作积极性，为城建档案工作带来更多生机与活力。从而能够最大限度地激励城建档案工作人员积极投入到智慧城建档案馆的建设当中去，在建设的过程中充分地发挥出自身的创新意识以及技术能力，从而激励人员成长，

实现人才的累积，为城建档案管理服务于智慧城市建设提供更多的帮助。

（2）与教育资源呈现出良好的互补性。针对这方面，要进一步展开多种渠道的针对工作人员能力再培养和再教育的工作，充分地利用智慧城市建设过程中出现的各种新兴资源，通过各种资源的整合实现继续教育，从而能够全方位、立体地对工作人员各方面的能力实现提升和发展。

（3）注重培训与人才引进之间的交流性。具体来说，就是在基于需求的基础上，采取政策激励、跨界合作等多种方式建立起良好的人才制度，从而能够在社会中形成良好的吸引力，进而能够更进一步地吸引社会当中的优秀人才、创新人才，从而进一步加强人才队伍建设。

（4）把握好能力培养的多元化。通过多种方式，如政策引导，进一步促进档案管理工作人员与外界的交流和沟通，通过参观学习、现场交流等多种多样的方式，开阔工作人员的视野，及时了解并掌握社会中存在的各类新型的技术和知识，与此同时，还能进一步提升自身应用信息技术的能力，提升实践能力，从而实现整体人才队伍的实力提升。

（5）不断推进成长环境的网络化。例如，相关部门可以采取"互联网+城建档案人才"行动计划，通过全媒体信息和技术共享形式，构建档案人才队伍建设的自我成长、培育引进、互动提高的在线模式，发挥"互联网+"的倍增效应，快速提升档案信息化人才队伍的整体能力和水平。

（二）基于智慧整合的城建档案资源体系构建

1. 加大资金投入，引进智慧软硬件设施

良好的软件设施以及硬件设施是最基本也是最重要的保障之一。针对档案管理工作来说，想要实现档案更好地保存，环境方面必须具有良好的监控能力，不能出现由于环境的原因造成档案管理受到影响。为了能够让工作人员更好地保持身心健康，应当尽可能地避免在内部环境当中出现对于人员身体健康、精神健康等不利的因素，从而确保人员的健康安全，进而实现更好的档案管理。

加大感知设备的投入力度，如智慧城建档案馆的实现主要通过传感器、二维码、监控摄像、录音设备、电脑、智能终端等感知设备，对智慧档案馆中需要感知的档案库房信息、实体档案信息、数字档案信息和查阅利用信息等各项档案信息进行多层次、多维度的感知，最后再通过网络传输到数据层并进行云计算分析。因此，需要我们加大资金投入，引进传感器、二维码、监控摄像、录音设备、电脑、智能终端等感知设备，从而为城建档案智慧化建设的实现提供保障。

针对于硬件设施方面，不仅仅要在计算机、扫描仪、除湿机等设备方面加大投入，同时还需要考虑如何才能更好地提升这些设备的智能化程度，从而使档案管理工作实现更高的智能化和数字化，进而使管理的效率以及质量得到有效的提升。因此作为档案管理部门来说，要不断地针对基础设施进行完善，同时还需要根据自身的条件以及客观需要购买、配置更加智能和高端的设备，从而让智能化的设备代替人来做更多的重复、单一的工作。在这种情况之下不仅仅能够有效地提升工作效率，同时还能节省大量的人力资源，促进城建档案管理工作的数字化发展。

2. 明确执法确保城建档案信息资源智慧收集

（1）确认档案执法主体。根据法律法规以及相关的规章制度，档案行政管理部门成为执法主体。显然，档案执法主体的资格是根据国家法规所确定的。城建档案馆作为兼有政府职能的部门，在获得档案行政管理部门的委托或者相关法律授权的前提之下，城建档案部门可以依法行使档案执法权。在获得执法授权之后，相关的执法人员必须进一步提升自身的执法能力以及互相之间的协同工作能力，只有在这样的基础上才能更好地完成相关的执法工作。除此之外还需要加大宣传力度，认真学习相关执法专业知识，加快实现健全执法措施，完善执法工作的目的。

（2）要将执法工作进行前置。通过对事后处罚进行研究可以发现，这并不能对档案损毁以及丢失等问题进行解决，因此档案执法工作必须提前介入，主要以指导以及监督的形式展开，只有这样才能真正有效地保障城建档案的移交。

（3）要明确执法过程当中的重点。在针对建设工程的档案进行检查的过程中，要抓住项目当中的重点环节，在管辖范围之内尽可能地选取重要的节点进行检查。

此外，相关的人员要主动到施工现场执行相应的检查，在检查完成之后要及时整理相应的记录，具体过程中可以采取打分的方式进行评价和评比。针对检查过程中发现的问题要及时发出监督意见书，对于表现优异的单位要及时进行表扬。与此同时，在检查的过程中要注重对相关法规的宣传，并且深入了解建设单位的具体想法，从而能够及时对自身的工作进行改进。在检查完成之后，要在全市范围之后公开检查的结果，把这种制度变成一种对于建设单位的鼓励和鞭策。

（4）进一步加强不同部门之间的协同配合。针对不同的部门，要定期召开工作例会或者针对某些具体的问题召开研讨会，从而能够统一进行工作布置，有利于后期协调工作的展开，除此之外，还要建立起长效的违法监督机制，一旦发现相关的违法行为，要通过各个部门之间进行协同处理，形成一种执法联动，从而起到更好的监督和教育效果。

总之，城建档案执法工作任重而道远，除了需要不断地完善各项法律法规，还需要根据自身特色，建立起有针对性的城建档案执法体系，从而为城建档案完整、顺利收集提供保障，为智慧城市建设提供完善、全面的信息基础。

3. 利用大数据云平台驱动城建档案资源数字化建设

在不同的地区之间，由于城建档案的管理处于比较分散的状态，因此难免会出现信息不对称或者不全面的情况，这种情况的出现将会对数据库的建立造成非常严重的影响，因此还必须针对这个问题进行解决，通过利用大数据平台来实现城建档案资源数字化的目的。

（1）根据自身特点开发出具有更多功能的管理系统，在现有的基本功能的基础之上进一步结合大数据技术以及物联网技术。除此之外，还可以使用新型的识别技术对档案进行定位和监控，从而更进一步提升档案管理的数字化以及智能化水平。

（2）城建档案管理部门可以充分利用现有的智慧城市建设标准化协作平台，形成一体化的、应用性强的标准与规范体系。积极加入智慧城市信息资源标准和规范体系建设的制定过程，不断完善档案信息化建设的标准和规范。自开展数字化、信息化建设以来，国家相继出台了数字档案管理相关标准与规范，这些标准与规范是开展智慧城市档案管理云平台体系建设的基础。

4. 加大城建档案信息开发力度

加大城建档案信息开发利用力度，可以更好地为领导决策、政策研究、依法行政、权益维护等提供参考和依据，进一步满足社会对城建档案利用的多元化需求，更好地为经济社会发展提供服务。城建档案管理部门收集、保存和管理城建档案的目的是为公众提供服务，因此对城建档案资源进行档案信息开发是城建档案管理部门的一项重要使命。城建档案含有大量的信息资源，与实际工作具有密切的联系，我们可以从以下方面进行城建档案信息开发，从而实现对城建档案进行多层次、多角度的深加工目的，为公众提供更多优质服务，促使城建档案信息资源的价值得到最大发挥。

（1）开展城建档案编研工作。城建档案工作人员在工作过程中通过对原始的、繁杂的城建档案信息进行精心提炼、归纳总结，并将之以内部参考资料或期刊、报纸等出版物的形式编撰成编研成果供相关人员与公众使用，有效地节省档案利用者的时间，提高了档案的利用效益，最大限度地实现档案服务效益最大化。同时，城建档案管理部门根据工作的需求编研一些资料，从而更好地体现城建档案的影响力和价值，更好地宣传城市建设和城建档案工作，打造城市名片，提高城市影响力。这也是在提供主动服务、超前服务上下功夫的一种方式。

（2）进行档案信息资源整合，加强城建档案查阅室的服务功能。利用查阅室为档案利用者提供查阅利用服务是档案查阅利用最为传统的方式，也是城市档案服务最基本的一项工作。同时，大力开发城建档案信息资源，以使用优先、保护优先、特色优先为原则，按照城建档案数字化计划，分批分期将城建档案进行数字化加工，建立城建档案信息数据库并开展查阅利用，如市政工程档案、重要历史档案、重点工程档案、民用建筑档案、地下管线档案等高频率利用的档案。

充分运用计算机技术进行城建档案信息资源管理，开展档案信息资源数字化、信息建设，进而对档案信息资源进行集中管理，实现城建档案信息服务效益最大化。在进行城建档案信息资源数字化加工的同时，应围绕相联系的主题，对同一项目、同一个地址的分散档案进行信息资源集中，以全宗为单位，集中、全面反映某一项目或某一区域的基本信息，从而实现档案信息资源整合。这种整合可以更加提高开发利用档案信息资源的水平，并可为将来建立智慧化城建档案馆打好基础。

（3）结合政务信息公开工作，加大档案开放力度，如开展城建档案展览、开发城建档案网站和开通城建档案网页查询端口等主流媒体或社交软件来为城建使用者提供城建档案信息服务。随着我国城市化的进程，城建档案查阅利用的范围、对象和方式都呈多元化方向发展。因此，在坚持开展现行城建档案查阅利用工作的基础上，还要加大城建档案的开放力度，做好依法依规、分期分批向公众开放档案信息相关工作。严格执行相关规定，及时向社会开放符合信息公开条件的城建档案。正确处理好城建档案开放与保密工作的关系，制定科学的、可行的有关档案开放、保密的制度。城建档案工作者应当着重培养科学管理档案的能力，并形成阅读和解析档案文本的能力和习惯。积极吸取国内外关于档案工作的成熟经验和做法，配齐具备专业素养和政治素养的专职人员，做好解读城建档案材料和文献的工作，把好政务信息公开关，优化信息公开服务。

（三）基于智慧服务的城建档案服务体系构建

1. 建立用户反馈机制

在一套科学完善的管理模式之下，能够使得城建档案发挥出更大的价值和作用，从而能够提升档案资源的应用价值。在自然科学以及社会科学不断发展过程中形成了一种新的理论和方法，即正反馈闭环管理系统理论，这实际上就是将闭环控制这种理论引入管理过程中去，从而形成一个具有一定约束能力和激励能力的闭环。因此为了能够更进一步地提升城建档案管理的整体质量水平，可以通过引入这种新的理论来对城建档案进行管理。

2. 构建基于服务链的城建档案管理一站式服务

在融入智慧城市建设中，构建基于服务链的城建档案管理一站式服务，从而在城建档案部门之间、业务科室、政府、房管、民政等部门之间建立城建档案协同服务机制，对实现智能化、智慧化的城建档案至关重要。这也是城建档案集成管理理论的实践。

作为政府部门来说，其最基本也最重要的一个职能就是服务公众，政务所有的工作都应该围绕这个目标展开，同样作为一个政府部门的城建档案馆，其也必须遵守这个基本目的。同时也只有始终坚持这个目标，才能在满足公众对于档案信息的需求的同时能够在社会中塑造出良好的形象。形成一条完整的服务链，给所有城建档案馆的用户提供全方位、方便和快捷的服务，从而也进一步加强城建档案管理的系统性。

3. 做好城建档案服务于智慧城市建设的顶层设计

在智慧城市的建设过程中，城建档案在整个智慧城市建设过程中处于重要的地位，将其纳入顶层设计是十分重要的，也是未来发展的必然趋势。具体来说，我们应该着重从以下方面做好城建档案服务于智慧城市的顶层设计。

（1）要做好系统的物理构建，城建档案服务系统在智慧城市建设中有着巨大而突出的作用，其服务作用的设计应当以满足用户需求为最基本的前提，并在此基础上，重点突出人性化、系统化、智能化的特点，建立起智慧的城建服务体系，从而能够为用户带来更大的便利和更多的价值。在建设过程中，要充分地将现有的信息平台进行整合，将系统当中所涉及的人与人、人和物等多方面的联系整合起来，为后续的进一步互通做好基础准备。在具体搭建过程中，可以从系统可行性分析、需求分析、系统设计原则等诸多方面出发，进而实现良好的系统物理构建。

（2）进行系统功能的构建。在针对系统功能进行设计的过程中，首先要保证有足够的技术实力以及安全能力作为保障。整个智慧城市系统是以目前社会经济生活中的基础信息作为依据，通过不同部门之间的协同工作实现智能控制，将城市工业的发展与社会生活的方方面面联合起来，形成一个智能化的城市，这也是实现智慧地球建设的基础阶段。通过对智慧城市的主要功能进行分析可以看出，与数字城市相比，智慧城市显而易见更加高级、更加先进，它的先进性主要体现在智慧城市的智能化程度方面。想要在职能档案馆的基础上实现档案的智能化服务，必须联合使用物联网技术、云计算技术、大数据技术、智慧城建档案服务系统技术构建等。

从信息管理与应用的角度来看，智慧档案服务管理系统具有极高的信息集成性能，其在组织领导以及法律法规的规范下建成，能够严格执行国家保密制度，完善档案信息公开发布保密审查程序；建立档案数据安全管理制度，保障安全高效可行应用；加强档案信息资源在公开共享等环节的安全评估与保护；加强对涉密信息系统、涉密计算机和涉密载体管理，强化涉密人员保密意识；建立健全人防、物防、技防"三位一体"的档案安全防范体。

正是由于物联网、大数据以及云计算等新兴智能技术的出现，使传统的档案管理工作迎来了革命性的转变，在这种新的机遇之下，构建出智能化程度更高的档案管理系统不仅仅对于档案管理工作本身有着极为重要的意义，更重要的是其在智慧城市的建设过程中也将会产生意义深远的指导作用。

参考文献

[1] 曹晶. 科技档案收集工作中的问题与解决途径 [J]. 北京档案, 2021, (10): 34-35.

[2] 曹彦敏. 科研档案先进收集方法及其应用研究 [J]. 档案与建设, 2018, (05): 31-34.

[3] 陈菲. 科技发展背景下档案有害生物防治研究的变化与挑战 [J]. 中国档案, 2022, (04): 66-67.

[4] 陈实, 张娟. 基于 SWOT 分析法的城建档案人才培养策略探索——以江苏省为例 [J]. 档案与建设, 2021, (05): 63-67.

[5] 崔玉珊. 收集工作中存在的若干问题及对策研究 [J]. 北京档案, 2020, (03): 35-36.

[6] 党志峰. 人员胜任力视角下的档案安全建设 [J]. 山西档案, 2018 (05): 131.

[7] 丁双玫. 传统的档案有害生物防治技术现代化 [J]. 中国档案, 2022, (02): 66-67.

[8] 冯惠玲, 连志英, 曲春梅, 等. 回顾与前瞻: "十三五" 档案学科发展调查和 "十四五" 档案学重点研究领域展望 [J]. 档案学通讯, 2021, (01): 4-15.

[9] 高文掌. 医院数码照片档案管理研究——评《新时期医院档案管理与发展研究》 [J]. 中国油脂, 2021, 46 (07): 166.

[10] 国测. 企业档案收集工作的多维度转变 [J]. 档案管理, 2020, (05): 41-42.

[11] 贺奕静, 杨智勇. 智慧档案馆的智慧服务功能及其实现 [J]. 档案与建设, 2019, (11): 28-32.

[12] 黄清晨. 智慧城市建设背景下档案新业态发展 [J]. 浙江档案, 2019, (04): 25-27.

[13] 焦钧. 新时期中医医院档案管理发展途径探析 [J]. 档案管理, 2019, (06): 50.

[14] 焦钧. 医院档案管理工作中的问题与建议 [J]. 档案管理, 2018, (04): 96.

[15] 金波, 添志鹏. 档案数据内涵与特征探析 [J]. 档案学通讯, 2020, (03): 4-11.

[16] 荆秀昆. 档案有害生物防治之一: 档案馆害虫防治 [J]. 中国档案, 2020, (01): 81.

[17] 李鸽伶, 康乔莉, 王屹峰. 互联网+时代智慧医院档案管理的实施困境与优化策略——以浙江省肿瘤医院档案信息化建设为例 [J]. 浙江档案, 2021, (12): 50-52.

［18］李蕙名．档案保护学与科技档案管理工作［M］．沈阳：辽宁大学出版社，2021.

［19］李姝熹，李潼，王建祥．论智慧城市框架下的档案管理服务平台建设［J］．档案管理，2021，（01）：53-54.

［20］李晓丽．大数据背景下医院档案管理信息化建设初探［J］．中国档案，2020，（09）：40-41.

［21］刘丽娜．大数据环境下医院档案编研工作的实践创新路径——评《基于大数据环境下创新型档案管理与服务研究》［J］．热带作物学报，2021，42（03）：929.

［22］刘洋，王学宏，陈祥华，等．数字成果转化促进医院档案管理能力提升应用研究［J］．中国档案，2020，（06）：44-45.

［23］刘越男．数据治理：大数据时代档案管理的新视角和新职能［J］．档案学研究，2020，（05）：50-57.

［24］莫家莉，胥刚．智与慧的融合：智慧档案馆发展愿景［J］．西南民族大学学报（人文社科版），2019，40（04）：227-231.

［25］莫求，杨佐志．档案管理工作的实践、探索与研究［M］．长春：东北师范大学出版社，2018.

［26］师宝玉．档案智能管理的特点与智能服务模式分析［J］．档案管理，2020，（01）：108-109.

［27］宋雪雁，李溪萌，邓君．数字时代档案文献编纂人员胜任力模型研究［J］．图书情报工作，2020，64（03）：32-41.

［28］孙向阳．数字孪生环境下档案馆智慧服务场景应用研究［J］．浙江档案，2022，（02）：33-37.

［29］王辉，关曼苓，杨哲．大数据环境下档案信息化管理［M］．延吉：延边大学出版社，2018.

［30］王丽娟．谈档案信息化建设［J］．黑龙江科技信息，2011（27）：68-68.

［31］王柳．医院文书档案信息化管理与利用——评《新时期医院档案管理与发展研究》［J］．中国油脂，2021，46（06）：160.

［32］王思婕．协同式智慧档案信息服务模式研究——以丽水市智慧档案建设为例［J］．浙江档案，2019，（11）：29-31.

［33］王新才，王尔莎．档案人员队伍建设研究——基于对美、英、澳国家档案馆的探析［J］．档案管理，2019，（01）：83-87.

［34］吴榕．有害生物综合防治中围护结构在档案保护上的运用［J］．档案管理，2021，（03）：76-77.

［35］吴筱贞．历史档案收集和数字化管理研究［J］．档案管理, 2020,（01）: 48- 49.

［36］谢慧婷．高校人事档案的价值及风险管理策略［J］．档案管理, 2021,（05）: 96- 97.

［37］杨学锋．现代化档案管理与服务研究［M］．北京: 中国商务出版社, 2018.

［38］杨智勇, 贺奕静．基于 5W1H 分析法的数字档案馆智慧服务研究［J］．档案与建设, 2020,（12）: 27- 32.

［39］杨智勇, 谢雨欣．数字档案馆的"数字—数智—数治"演进之路——基于《"十四五"全国档案事业发展规划》的分析［J］．档案与建设, 2021,（08）: 57- 61+71.

［40］张继军．企业电子会计档案管理系统应用研究［D］．长春: 吉林大学, 2019.

［41］张锡田, 王琪．地方特色档案收集的问题与对策研究［J］．北京档案, 2018,（07）: 11- 14.

［42］张燕．大数据时代背景下的档案管理工作研究［M］．沈阳: 东北大学出版社, 2019.

［43］赵嘉庆．论专门档案［J］．档案学通讯, 1989（02）: 6.

［44］赵栩莹．新技术环境下的档案智慧服务: 思维、业态与机遇［J］．北京档案, 2021,（11）: 13- 17.

［45］周耀林, 吴化, 刘丽英, 等．健康医疗大数据背景下我国医院档案管理研究: 需求、转变与对策［J］．档案学研究, 2021,（06）: 78- 83.